Arena Bibliothek des Wissens

Aktuell

Gerd Schneider, Jahrgang 1942, arbeitete als Journalist und Redakteur und schreibt Romane und Sachbücher für Jugendliche, darunter zusammen mit Christiane Toyka-Seid ein Politik-Lexikon für Kinder. Außerdem ist er Autor von Fernsehdrehbüchern und Hörspielen. Im Arena Verlag erschien von Gerd Schneider in der Arena Bibliothek des Wissens der Titel *Politik* (06172), außerdem *Kafkas Puppe* (06081) und *Bauer, Dame, König – Matt! Ein Schachkurs für Einsteiger* (05993).

Volker Fredrich, geboren 1966, wuchs bei Bad Segeberg auf und studierte ab 1990 an der FH Hamburg Gestaltung mit dem Schwerpunkt Kinderbuchillustration. Seit 1996 ist der inzwischen zweifache Vater für zahlreiche Kinder- und Schulbuchverlage tätig.

In neuer Rechtschreibung

1. Auflage 2008

Abbildungen: picture alliance/dpa; S. 12, 14, 16, 19, 33: akg-images, Berlin
Coverillustration: Klaus Steffens
Innenillustration: Volker Fredrich
Satz: Claudia Böhme auf der Grundlage einer Gestaltung und Typografie von knaus. büro für konzeptionelle und visuelle identitäten, Würzburg
Gesamtherstellung: Westermann Druck Zwickau GmbH
ISBN 978-3-401-06222-8

www.arena-verlag.de

Gerd Schneider

Globalisierung

Arena

Inhalt

Einleitung

In einer physikalisch-mathematischen Theorie gibt es ein eindrucksvolles Bild: Der Flügelschlag eines Schmetterlings kann auf der gegenüberliegenden Seite des Erdballs einen Wirbelsturm auslösen.

Auf der Erde ist alles in einem komplizierten und empfindlichen Gleichgewicht miteinander verbunden – Tiere, Pflanzen, Menschen, Klima, Ozeane ... Ereignisse können Auswirkungen haben, die räumlich Tausende Kilometer entfernt liegen. Wenn das Netz, das man sich um die Erde herum vorstellen kann, an einer Ecke bewegt wird, setzen sich die Bewegungen in Wellen über die ganze Fläche fort. Die Folgen können ein Segen sein, der Wirbelsturm kann einen ersehnten Regen nach langer Trockenheit bringen. Sie können aber auch negativ sein – das Unwetter kann Menschen töten und Existenzen zerstören. Oder wenn zum Beispiel eine Tierart ausstirbt, kann das bedeuten, dass die Nahrungskette durcheinandergerät, noch weitere Tierarten aussterben oder vielleicht eine Pflanzenart sich zu sehr ausbreitet.

Die unzähligen Verkettungen und Vernetzungen in der Natur gibt es bereits seit Jahrmillionen und immer wieder haben Ereignisse das Gleichgewicht verändert. Heute gibt es jedoch, von uns Menschen gemacht, noch eine ganz andere Art von

Verbindungen rund um unseren Globus. Für dieses moderne Netz wird das Wort „Globalisierung“ verwendet.
Diesen Begriff hat 1983 zum ersten Mal der Wirtschaftswissenschaftler Theodore Levitt von der amerikanischen Harvard-Universität in Cambridge geprägt. Er meinte mit Globalisierung die zunehmenden wirtschaftlichen, sozialen und kulturellen Verflechtungen, die unsere Welt heute bestimmen. Diese äußern sich, so Levitt, besonders im immer stärker werdenden Aus-

An der Börse werden jeden Tag unvorstellbare Summen hin- und hergeschoben.

tausch von Handelsgütern, Geldströmen, Wissen und Arbeitskräften zwischen den Ländern.
In diesem Gefüge sind es nicht Schmetterlingsflügel, sondern zum Beispiel Börsenkrisen, die „Wirbelstürme" auslösen können. Wenn im Mittleren Westen der USA jemand ein Haus kauft, kann das schließlich zu einem Finanzkrach in Europa führen. Ein Problem in einem Gaswerk in Russland kann einen Stromausfall in Deutschland bewirken. Wir alle sind in das Netz der Globalisierung eingebunden und müssen uns mit ihren Gesetzen und Auswirkungen und den anderen Ländern arrangieren. Genauer müsste man allerdings vom Globalisierungs-Prozess sprechen. Denn es handelt sich nicht um einen Zustand, sondern um eine Entwicklung, die ständig weitergeht und die sich immer mehr beschleunigt. Sie bringt Veränderungen mit sich. Unser Leben würde ohne diesen Prozess, der gerade den Bewohnern der westlichen Industriestaaten viel Positives gebracht hat, anders verlaufen. In unserem Alltag hängt vieles, ohne dass wir es immer sofort bemerken, mit Globalisierung zusammen. Einen Eindruck davon soll dieses Buch vermitteln; von den Mechanismen der Globalisierung, von Nutzen und Schaden, von Chancen und Risiken und von Kritik und Problemen – denn viele Menschen, besonders in ärmeren Ländern, haben nichts oder nur wenig von der Globalisierung und manchen Ländern schadet sie sogar.
Globalisierung, „weltumspannenden" Handel, gibt es selbstverständlich schon länger. Seinen Anfang nahm diese Entwicklung vor ungefähr 500 Jahren …

Die Welt wird erobert

Wie der Prozess der Globalisierung immer mehr an Fahrt gewann

Der „Weltapfel“

Im Oktober des Jahres 1492 freute sich der Nürnberger Martin Behaim: „Gottlob haben wir nun die rechte Form für unseren Weltapfel! Der Rat der Stadt wird zufrieden sein!“
Stolz betrachtete er sein Werk: die erste Darstellung der Welt als Kugel. Der Stadtrat hatte dem weit gereisten Kaufmann den Auftrag gegeben, eine vollständige geografische Karte der damals bekannten Erde anzufertigen. Dass sie eine Kugel war, war inzwischen bekannt. Behaims Globus, nach monatelanger Tüftelei und in Zusammenarbeit mit den besten Handwerkern der Stadt aus Lehm, Leinwand, Pergament und Papier angefertigt, hatte einen Durchmesser von 50 Zentimetern.
„Sind das alle Meere, Gebirge, Wüsten, Länder und Kontinente, die es auf der Erde gibt, Herr Behaim?“, fragte der Künstler Georg Glockendorn. Ihn hatte Behaim gebeten, die von ihm gezeichnete Weltkarte auf die noch weiße Kugel zu übertragen, die nun vor ihnen in einem Gestell zu sehen war.
„Sicher nicht alle“, erwiderte der Kaufmann. „Es mag

noch viele unerforschte Flecken auf unserem Weltapfel geben. Doch diese Kugelgestalt als Abbildung unserer Erde bietet uns die Möglichkeit, die Kontinente und Meere halbwegs winkel- und flächengetreu zueinander vorzustellen. Und es wird die Zeit kommen, da wird es für die Menschen möglich sein, rund um den Globus zu reisen bis zurück zu ihrem Ausgangspunkt."

„Ihr meint, auf diese Weise?" Glockendorn hatte einen Faden genommen und spannte ihn um die Kugel.

„Gewiss, und wie ich höre, rüsteten die Spanier vor Monaten wieder Schiffe, um an die andere Seite des Globus zu kommen. Ich selber", damit spannte Behaim auch einige Fäden, „bin auf diesen Routen nach Portugal und bis hin zu den Inseln der Azoren gelangt. Eines Tages werden Teile der Weltkugel wie mit einem Spinnennetz bedeckt sein. Doch nun ans Werk, Meister Glockendorn!"

Der Behaim-Globus von 1492

Der Künstler brauchte Monate für die Bemalung der Kugel, die heute als der älteste bekannte Erdglobus im Germanischen Nationalmuseum in Nürnberg zu bewundern ist. Sein Schöpfer, der Handelsmann Martin Behaim, kehrte nach der Fertigstellung seines Globus, an dem er insgesamt von 1490 bis 1493 gearbeitet hatte, nach Portugal zurück, wo er verheiratet war. Nach mehreren Schicksalsschlägen verarmte er und starb im Jahre 1507.

Erste „Globalisierer"

„Globalisierung ist eigentlich nichts Neues. Das läuft schon so lange wie die Evolution. Es geht schlicht um den Austausch von Gütern, Produkten und Ideen. Vermutlich war der Austausch von Waren ... und die Migration* vor 100 Jahren stärker ausgeprägt als heute. Neu ist, dass sich diese Entwicklung in den vergangenen Jahren beschleunigt hat."
SWR 2-Wissen – „Globalisierung im Alltag" – 11. Mai 2002

Am 12. Oktober 1492 erreichen drei Schiffe eine Insel der Bahamas südöstlich von Amerika. Der Befehlshaber Christoph Kolumbus (1451–1506), ausgesandt von der spanischen Krone, um einen Seeweg nach „Hinterindien" zu finden und Gold und Gewürze heimzubringen, nannte diese Insel „San Salvador" (spanisch für „Heiliger Retter").

* *Im hinteren Teil dieses Buches gibt es ein Glossar – dort sind die Erklärungen zu den Begriffen nachzulesen.*

Zuerst waren es nur wenige vom Volk der Arawak, die sich aus dem Urwald an den Strand wagten. Ungläubig beobachteten sie das Nahen der Schiffe *Santa Maria, Niña* und *Pinta*. Kamen Götter, um ihnen das Heil zu bringen? Immer mehr Einheimische bevölkerten den Strand. Sie lachten und freuten sich über die Fremden, die mit ihren Beibooten an Land kamen und sich ihnen, wie es schien, freundlich näherten und Geschenke brachten.

Die Arawak ahnten nicht, was diese Seeleute in Wirklichkeit vorhatten. Kolumbus schrieb in sein Bordbuch über friedliche und einfache Menschen, die hier als Fischer, Maniokpflanzer und Korbflechter lebten und sicher gute Untertanen der spanischen Krone werden würden.

Vielleicht ließen sie sich als Sklaven verkaufen. Doch zuvor müssten ihre Goldvorräte gefunden werden. Der Admiral war schließlich der Meinung, er sei in Indien gelandet und sagenhafte Reichtümer an Gold, Edelsteinen und Gewürzen warteten auf ihn. Dass er in Wirklichkeit auf den amerikanischen Kontinent gestoßen war, der in westlicher Richtung zwischen Europa und Indien liegt, war ihm nicht klar.

Das erste Zusammentreffen mit den Indianern. Kupferstich, um 1750

Tatsächlich in Indien landete im Jahre 1498 der portugiesische Seefahrer Vasco da Gama (1469–1524) in „Regengüssen und Gewittern, die unaufhörlich auf die Küste und uns herniederprasselten", wie es im Bericht eines Seemanns hieß. Er hatte nicht wie Kolumbus die Route nach Westen über den Atlantik gewählt, sondern Afrika umrundet und dann den Weg nach Osten Richtung Indien genommen. Am Strand der Malarbarküste, wo heute noch eine Gedenktafel davon kündet, warfen die Schiffe Anker. An dieser Küste war die wirtschaftliche Verflechtung verschiedener und teilweise weit auseinanderliegender Regionen schon voll im Gange, wie die Portugiesen am regen Verkehr chinesischer Dschunken, arabischer Daus und vieler anderer Handelsschiffe bald merkten. Man traf hier nicht auf unzivilisierte „Wilde", sondern auf ein funktionierendes Handelssystem. Diese europäischen Seefahrer, im Auftrag ihrer Könige unterwegs, dachten allerdings keineswegs an friedlichen Handel, sondern an Eroberung und Unterdrückung. Die weitere Geschichte des Kolumbus und seiner nächsten Reisen, die

Vasco da Gama vor dem Samudrin von Kalikat. Kupferstich, 1747

des Vasco da Gama und die folgender Generationen von europäischen „Conquistadores“ (spanisch für „Eroberer“), die es aus Entdeckergeist und wirtschaftlichen Interessen (an Gold, Gewürzen) über den Erdball in ferne Länder getrieben hatte und die dann ganze Völkerstämme niedermetzelten, ist auch die Geschichte der Globalisierung. Es ging um Einfluss, Macht und Reichtum und wer weiß, um wie viel übler und menschenverachtender diese erste Welle der Globalisierung sich entwickelt hätte, wären die Fortbewegungsmöglichkeiten um den Erdball damals nicht auf die schwerfälligen und von jedem Wind abhängigen Segelschiffe beschränkt gewesen.
Kolumbus gilt zwar als Entdecker des amerikanischen Kontinents, war es aber in Wahrheit gar nicht. Amerika wurde schon 500 Jahre früher von isländischen Seefahrern entdeckt. Über die weiteren Entdeckungsreisen des Kolumbus und anderer spanischer Seefahrer und Eroberer ist viel geschrieben worden. Sie alle waren in gewissem Sinne schon „Globalisierer“. Ihre Reisen bildeten den Anfang des weltweiten Netzes von Handelsbeziehungen, das heute den Erdball umspannt.

„Rakete“

Allgemein wird der erste große Schritt der Globalisierung in der Mitte des 19. Jahrhunderts angesiedelt, in der Zeit der sogenannten industriellen Revolution. Immer mehr Industrien entstanden, Fabrikhallen schossen in England, Deutschland, Frankreich aus dem Boden, die Städte wuchsen rasend schnell, denn die Menschen zog es vom „armen“ Land in die Städte und ins vermeintliche bessere Leben. Dort zischte und krachte es, Metall schlug auf Metall. Das Prinzip der Dampfmaschine war schon vor geraumer Zeit erfunden worden und wurde nun immer mehr eingesetzt beim Bau der Maschinen. Das Handwerk wurde verdrängt von maschineller Produktion. Vor den Fabriktoren bildeten sich lange Schlangen für geringen Lohn schuftender Industriearbeiter. Menschen und Güter mussten transportiert werden.

Auf englischen Feldern bekreuzigten sich die Bauern, wenn „The Rocket“ sich dampfend, fauchend und brüllend näherte. „Rakete“ wurde die erste Eisenbahn genannt, die mit fast

„The Rocket“

50 Stundenkilometern ab 1830 regelmäßig zwischen Manchester und Liverpool verkehrte. Eine Reise, die früher per Pferdekutsche gut 20 Stunden gedauert hatte, konnte man nun in drei Stunden zurücklegen. Schon einige Jahrzehnte später waren viele große Zentren, besonders die Hafenstädte in Europa, Amerika und Asien, per Eisenbahn verbunden. Die Postkutsche hatte ausgedient und Geschwindigkeit wurde Trumpf.

Das „Spinnennetz" wird dichter gewebt

Schienenwege zogen sich über die Kontinente, Schifffahrtslinien verbanden die Alte und die Neue Welt. Verkehrswege wuchsen langsam, aber stetig wie die Netze einer Spinne.
Nur die Luft gehörte weitgehend noch den Vögeln. Dafür tat sich bereits etwas unter Wasser. In der südenglischen Hafenstadt Plymouth legten am 10. Juni 1858 die Frachtschiffe *Agamemnon* und *Niagara* ab. Einige Schiffe gaben dem Konvoi an diesem wunderschönen Sommertag das Geleit, andere feuerten zum Abschied ihre Bordkanonen ab, denn hier handelt es sich um ein historisches Ereignis, einen großer Schritt in der Vernetzung der Welt bis zum Internet, ohne die die Globalisierung ja gar nicht denkbar wäre. Die *Agamemnon* trug auf ihrem Vorderdeck die riesige Trommel mit dem Unterwasserkabel, das in den nächsten Wochen vom europäischen zum amerikanischen Kontinent unter Wasser verlegt wurde, um telegrafische Signale über Tausende Meilen hinweg in Lichtgeschwindigkeit durch die dunklen Tiefen des Ozeans zu trans-

Das Transatlantikkabel wird in Neufundland in den USA an Land gebracht.

portieren und damit die Welt noch schneller und moderner zu machen. Dieser erste Versuch schlug zwar fehl, doch 1866 gelang es, ein funktionstüchtiges Transatlantikkabel zu verlegen. Viele Unterwasserverbindungen sollten in den kommenden Jahrzehnten noch verlegt und zahlreiche neue Verkehrsverbindungen geschaffen werden.

In 80 Tagen um die Welt

„Ich wette um 20000 Pfund mit jedem von euch, dass es mir mithilfe der modernen Verkehrsmittel gelingen wird, in 80 Tagen um die Welt zu reisen.“ Staunen, Gelächter, ungläubiges Kopfschütteln der feinen Gentlemen in einem exklusiven Londoner Club am 2. Oktober 1872.

„In 80 Tagen? Ganz ausgeschlossen, Mister Fogg“, hört man Stimmen rufen. „Die Erde ist viel zu groß. Wir nehmen die Wette an!“

Phileas Fogg, reicher exzentrischer Engländer der *Upper Class,* bricht sofort auf und reist mit Eisenbahn, Postdampfer, Frachter und auf dem Elefantenrücken um die Welt. London, Brindisi, Suez, Aden, Bombay, Schanghai, Yokohama, San Francisco, New York, Dublin sind die Stationen. Drei Sekunden vor Ablauf der Frist erscheint Fogg wieder im Club. Das Unglaubliche ist geschehen, die Wette ist gewonnen.

Der Roman über die Reise des Phileas Fogg, in dem es auch um Bankräuber geht, um einen Detektiv von Scotland Yard, der Fogg das Leben schwer macht, um eine Liebe zu einer schönen jungen Fürstin aus Indien und um den treuen Diener Passepartout, der die ganze Reise mitmacht, wurde 1873 von dem französischen Schriftsteller Jules Verne verfasst. Er heißt „In 80 Tagen um die Welt“ und zeigt die rasch voranschreitende Vernetzung der Welt im 19. Jahrhundert, die für die Menschen ganz offenbar faszinierend war.

Armut als Motor

Die literarische Figur Phileas Fogg des Jules Verne war ein reicher Mann. Er konnte sich seine Reise leisten. Viele Millionen Menschen gingen – in einer großen Welle der Globalisierung – im 18. und 19. Jahrhundert unfreiwillig auf Reisen. Nicht Gier nach Gold, sondern Armut, Hunger, Arbeitslosigkeit, Krieg und Naturkatastrophen waren die Auslöser. Amerika! Amerika! hieß das Zauberwort – über 50 Millionen Menschen, Handwerker, Bauern, Gewerbetreibende, Arbeiter machten sich aus den europäischen Ländern auf den Weg nach Übersee ins Land der unbegrenzten Möglichkeiten, aber auch in südamerikanische Länder wie Brasilien, Argentinien und Uruguay. Briefe von dort berichteten von Goldrausch und fruchtbarem billigem Land und schon drängte sich eine neue Welle von Auswanderern im Hamburger Hafen, um auf den Seglern und später den Dampfschiffen des Norddeutschen Lloyd die wo-

Auswandererschiff, 1874

chenlange Reise im überfüllten Zwischendeck anzutreten. Beweglichkeit und Geschwindigkeit nahmen weiter zu.
Die Industrialisierung zog den Graben zwischen Armen und Reichen immer tiefer, vor allem auch deswegen, weil die arbeitenden Massen sozial viel zu schlecht abgesichert und der Willkür der Herrschenden ohne den Schutz des Staates ausgeliefert waren. Für Hungerlöhne mehrten die Armen das Vermögen weniger. Tarifverträge, Mindestlöhne, Kranken- und Arbeitslosenversicherung – was für uns selbstverständlich ist, gab es damals nicht. Wer in Not geriet, der hatte selbst damit fertig zu werden. Auch die Aussichten der Handwerker und Kleinbauern in den deutschen Ländern waren trostlos, als sich

ganze Familien, ja sogar ganze Dörfer aufmachten, ihr Glück woanders zu suchen.
Übrigens waren es nicht nur Europäer, die sich als Zuwanderer eine neue Existenz aufbauten. Millionen Chinesen und Inder begaben sich im 19. Jahrhundert auf die Reise nach Südostasien, Malaysia, Korea oder nach Südwestafrika.
Parallel zu den Bewegungen von Millionen Auswanderern wuchsen die Handelsströme durch die Kontinente und über die Ozeane. Güterzüge und große Lastkähne transportierten die Rohstoffe über die neuen Kanäle zu den Häfen und in die Hochöfen und Stahlwerke. Wetterstationen wurden eingerichtet, die Telegrafie erfunden. Die Länder der Welt rückten enger zusammen.
Im 20. Jahrhundert schließlich eroberte sich der Mensch auch immer mehr die Lüfte. Kleine Einmannmaschinen machten den Anfang – heute durchkreuzen täglich Tausende Flugzeuge den Himmel, Passagier- und Frachtmaschinen, Düsenjäger, Militärflugzeuge … Entfernungen, für die Schiffe, Eisenbahnen oder Autos Tage und Wochen brauchen, können nun innerhalb weniger Stunden zurückgelegt werden – die Welt wird immer kleiner.

Von den Tiefen des Ozeans bis in den Weltraum

ist es ein weiter Weg. Genau genommen 370 Kilometer von der Meeresoberfläche hoch bis hinauf zur ISS, der internationalen Raumstation im Jahre 2007:
Astronaut Scott Parazynski „reitet“ in einer gefährlichen Aktion auf einem 15 Meter langen Roboterarm und repariert in

einer „Notoperation“ ein defektes Sonnensegel. „Einfach fantastisch!“, ruft er zusammen mit den Technikern im Kontrollzentrum in Houston aus und Fernsehzuschauer in der ganzen Welt sehen den Astronauten in der Schwärze des Alls herumturnen, unter ihm die Rundung der hellen Erdkugel.

Hätte eine globale Spinne ihr Netz der Verkehrswege seit jenen Zeiten des Martin Behaim, als es davon erst ganz wenige rund um den Erdball gab, beständig weitergewebt, so wäre heute aus der Sicht der Astronauten kein Zentimeter mehr von unserem Globus zu sehen. Das Netz reichte aus den Tiefen der Meere bis hinauf in die Bahnen der Satelliten und Raumfähren. Die Erde wäre schwarz vor Spinnenfäden.

Die Spinne gibt es nicht – doch die sichtbaren und unsichtbaren unendlich vielen Verkehrswege gibt es. Alles muss schnell gehen, denn: **Zeit ist Geld!** Beweglichkeit, Schnelligkeit, Flexibilität sind die herausragenden Merkmale in der globalisierten Welt.

Mit dem Turbo gezündet

Schritt für Schritt ging es voran mit der Globalisierung seit jenem Tag, als Kolumbus den Boden der Bahamas betrat. Kleine Ursachen erzeugten große Wirkung, über die Erde spann sich immer mehr das Spinnennetz der Verkehrswege. Frühe Eroberer unterdrückten fremde Völker und fanden unermessliche Reichtümer; rasante technische Entwicklungen brachten große gesellschaftliche Veränderungen. Die Arbeitswelt und die Lebensverhältnisse der Menschen, vormals meist Bauern und von dem abhängig, was auf ihrem Land wuchs, veränderten sich in der technischen Revolution und sie veränderten sich immer stärker und schneller mit der Geschwindigkeit der Verkehrsmittel und der boomenden Wirtschaft. Große Wanderungen nach Übersee setzten ein, an vielen Stellen des Globus suchten die Menschen für sich und ihre Familien eine neue Zukunft.

Im 20. Jahrhundert wurde die Welt von zwei großen Kriegen erschüttert; nach dem Ende des Zweiten Weltkrieges 1945 standen sich im sogenannten Kalten Krieg die kapitalistischen* Westmächte und der kommunistische* Ostblock feindlich und mitunter bis an die Grenze zu einem weiteren großen Krieg gegenüber. Bis zur Mitte des vorigen Jahrhunderts wäre kaum jemand auf die Idee gekommen, von Globalisierung zu sprechen, höchstens von Bedrohung, Aggression, Krieg und Eroberung.

Das änderte sich nach und nach in der zweiten Hälfte des 20. Jahrhunderts. Seit Beginn der Neunzigerjahre gab es große politische Veränderungen. Es kam die „Wende" in Deutschland, die beiden deutschen Staaten, die Bundesrepublik Deutschland und die zum Ostblock gehörende Deutsche Demokratische Republik (DDR), wurden wiedervereinigt; der kommunistische Block brach zusammen, die Europäische Union wurde ausgebaut, der Weg wurde frei für ein schnelles wirtschaftliches Zusammenwachsen über die Grenzen hinweg. Jetzt wurde die Globalisierung sozusagen mit dem Turbo gezündet. Es gab und gibt immer weniger Grenzen und Schranken, die den freien Warenverkehr, die Geldströme, die Kommunikation behindern. Die Arbeitswelt und unser Alltag haben sich in den letzten zwei Jahrzehnten rasanter verändert als je zuvor in der Geschichte. Die ganze Welt scheint Hand in Hand zu arbeiten; Regierungen, Konzerne, Banken stehen in ständiger Verbindung miteinander. Aus der globalisierten Welt herauslösen kann sich niemand – jeder ist Teil des Netzes, muss sich mit anderen arrangieren, ist auf sie angewiesen und sie auf ihn.

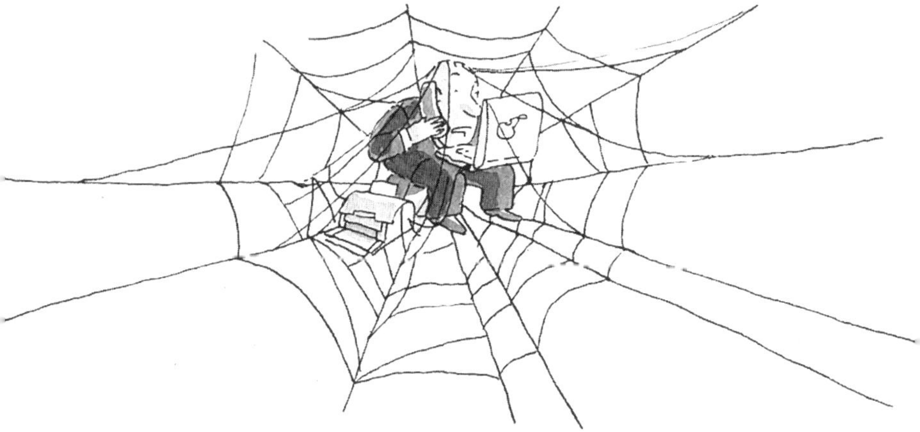

Arbeitsaufteilung

Von reisenden Hosen, Zahnbürsten und Schafen

Das Leben ist reicher und bunter geworden. Die Menschen in zahlreichen Ländern, besonders die in den reicheren, finden, dass sich vieles positiv verändert hat. Sie freuen sich über das riesige Warenangebot aus aller Herren Länder. Das ganze Jahr frisches Obst und Gemüse, Rind aus Argentinien, Lamm aus Neuseeland, Weine aus Kalifornien und Südafrika und den europäischen Anbaugebieten sowieso. Ein unübersehbares Angebot an Elektronik, Spielzeug, DVDs, Musik, Textilien. Woher die Sachen kommen, die sie da in die Hand nehmen und vielleicht kaufen, das interessiert oft nicht.

Jeans auf Reisen

Aus dem Shop in der Sternstraße ertönt der neue Hit von „Tokio Hotel“, als Leon hineingeht, um sich für sein Geburtstagsgeld eine neue Jeans zu kaufen. Er steuert auch gleich auf die richtige Ecke zu, denn er hat da ganz klare Vorstellungen: nicht zu hell, eher dunkelblau, und zu verwaschen mag er das Design auch nicht. Er nimmt zwei Hosen vom Bügel und geht in die Umkleidekabine.

Das Interessante daran ist: Diese Jeans haben schon eine lange, mehrere Monate dauernde und Tausende von Kilometern lange Reise quer durch die Welt hinter sich.

Diese Reise könnte zum Beispiel so verlaufen sein: Die Baumwolle, aus dem der Stoff in Italien zum typischen Denimgewebe verarbeitet wurde, kommt von Baumwollfeldern aus dem

Wo diese Jeans wohl herkommen?

Süden der USA (bei der nächsten Lieferung könnte sie aus Griechenland, Syrien oder Usbekistan stammen). In einer italienischen Fabrik wurde der Stoff indigoblau gefärbt. Inzwischen wurde im Designeratelier einer süddeutschen Firma der Schnitt entworfen sowie die Knöpfe, das Label und Nähgarn hergestellt. In Belgien wurden zur gleichen Zeit viele Tausend Reißverschlüsse unterschiedlicher Größe angefertigt und in Frankreich das Taschenfutter.
Was fehlt noch? Ach ja, irgendwie müssen diese ganzen Einzelteile ja auch zusammengefügt werden. Das organisiert die süddeutsche Firma, die aus dem Stoff die Beinkleider maschinell zuschneiden und dann das Ganze einschließlich aller Nieten, Knöpfe usw. in ein nordafrikanisches Land transportieren lässt.
In Tunesien oder Algerien sitzen Hunderte Näher und Näherinnen und nähen in Windeseile alles zusammen. Dafür kriegen sie entweder umgerechnet etwa zwei Euro pro Stunde oder aber sie müssen eine bestimmte Anzahl pro Schicht schaffen und werden im Akkord pro fertiggestelltes Stück bezahlt.

Hosen aus dem Backofen

Die Jeans werden jetzt aus Nordafrika wieder nach Europa zurückgeschafft. Nein, nicht nach Deutschland, sondern erst wieder nach Italien, wo sie sozusagen noch den letzten Schliff verpasst kriegen und in die richtige Optik gebracht werden. Die Hosen werden – je nachdem was vom Händler gewünscht

wird – noch mehrmals zusammen mit Steinen gewaschen, mit Schmirgelpapier abgerieben oder auch mit einer dünnen weißen Farbschicht besprüht, damit sie waschfest werden. Schließlich geht es ab in riesige Backöfen. Wie? Ja, richtig gelesen, bei hohen Temperaturen werden die Jeans getrocknet und erst dann nehmen sie wieder den Weg zurück in die süddeutsche Heimatfirma, die alles noch mal kontrolliert, verpackt und verschickt.
Für eine dieser weit gereisten Hosen entscheidet sich Leon jetzt und zahlt dafür an die hundert Euro, denn schließlich handelt es sich um ein bekanntes Label.
Andere Jeans oder vielleicht die T-Shirts im Regal daneben kommen möglicherweise aus einer Fabrik in Schanghai oder aus dem südindischen Mumbai, denn Textilien werden kaum noch vollständig in Deutschland hergestellt. Die großen Unternehmen haben ihre Fertigungsstätten ausgelagert, meist in asiatische oder afrikanische Länder.

Das ist ein Teil, oder man könnte sagen ein Symbol der Globalisierung: Produkte reisen in bestimmten Stadien des Fertigungsprozesses über den Globus, bis sie bei uns in den Läden landen.

Arbeitsaufteilung

Wem nützt es, wenn die Sachen mit viel Aufwand durch die Gegend kutschiert werden, damit irgendwann eine Jeans entsteht? Wird es nicht allein schon durch die Transportkosten teurer, wenn Jeans, Fernsehgeräte oder Computer mitunter in mehr als 20 Ländern produziert werden? Oder wenn eine elektrische Zahnbürste 30 000 Kilometer hinter sich hat, wenn sie endlich bei uns in Deutschland auf dem Ladentisch landet? Oder wenn die Nordseekrabben in Kühltransportern nach Nordafrika gefahren, dort in Windeseile gepult und zurück nach Deutschland zum Großhändler geschafft werden, der sie „fangfrisch" anbietet?

Globalisierung bedeutet vor allem auch eine immer stärkere Arbeitsaufteilung über die Grenzen hinweg. Und das würde sicher nicht geschehen, wenn man nicht Geld damit verdienen könnte. Fast jederzeit und überall können aufgrund der technischen Möglichkeiten heute neue Ideen entwickelt und produ-

ziert werden und dabei eben auch die Arbeit aufgeteilt werden, wenn es in anderen Ländern billiger ist, Waren herzustellen oder weiterzuverarbeiten.
So kann es sein, dass der Werbeanruf für Frau Welter in Bornheim von einem Versandhaus in Köln in Wahrheit aus Südindien kommt – dort befindet sich das Callcenter des Versandhauses. Die angepriesene Ware wiederum kommt vielleicht aus einem Firmenstandort in Schanghai und den Versand erledigt eine dänische Firma.
Die Arbeitsteilung bringt vielen etwas – aber nicht allen. Denn diese Prozesse bedeuten, dass in Ländern, in denen die Produktion teurer ist als anderswo (zum Beispiel auch in Deutschland), Firmen schließen, um lieber in Ländern produzieren zu lassen, in denen Arbeitskräfte billig zu haben sind. Davon sind

„Was ist überhaupt diese Globalisierung, die von den einen verdammt und den anderen gepriesen wird? Im Grunde genommen versteht man darunter die engere Verflechtung von Ländern und Völkern der Welt, die durch die **enorme Senkung der Transport- und Kommunikationskosten** herbeigeführt wurde, und die Beseitigung künstlicher Schranken für den ungehinderten grenzüberschreitenden Strom von Gütern, Dienstleistungen, Kapital, Wissen und (in geringem Grad) Menschen …"

Nobelpreisträger für Wirtschaft Joseph Stiglitz in „Die Schatten der Globalisierung" viele Menschen betroffen. Sie werden arbeitslos oder müssen für weniger Lohn arbeiten, um nicht von der „Billiglohnkonkurrenz“ auf dem Arbeitsmarkt ausgebootet zu werden.

Gesunkene Kosten

Der Erfolgsschriftsteller Frank Schätzing beschreibt in seinem Buch „Nachrichten aus einem unbekannten Universum“ eine der Ursachen für die gesunkenen Frachtkosten, die die Arbeitsaufteilung in der Welt erst ermöglichen. Das ganze Geheimnis liege, so Schätzing, in der ernormen Größe der Containerfrachter. Zukünftig würden sie noch länger und breiter sein, noch mehr asiatische Laptops ließen sich darin unterbringen.

Containerschiff im Hamburger Hafen

Gingen Anfang der Neunzigerjahre des vorigen Jahrhunderts zehn bis zwölf Prozent des Preises, den man für einen Sony Discman bezahlen musste, auf das Konto des Seetransportes, so sei es heute gerade mal ein Zehntel dessen. So mache ein Videorekorder die Seereise aus Asien bis nach Hamburg für zwei Dollar. Bis 2010 rechneten die Experten mit einer weiteren Senkung der Frachtkosten.

Diese Entwicklung führt beispielsweise auch dazu, dass die Iren, Volk der Schafzüchter, neuseeländische Lammsteaks aus dem Supermarkt auf den Teller kriegen, statt die eigenen zu verzehren. Das ist billiger, als die eigenen Tiere im Land durch die Gegend zu fahren und auf den Märkten zu verkaufen, wie vor der Globalisierung. Heute wird das Fleisch der irischen Lämmer als besondere Spezialität tiefgefroren per Container exportiert. Das bringt mehr, als sie selber zu essen.

„... Der Globalisierungsprozess wird beschleunigt durch neue Technologien im Kommunikations-, Informations- und Transportwesen. Weltweite Datennetze, Satellitenkommunikation, computergestützte Logistik und hoch entwickelte Verkehrsmittel machen es möglich, für die Unternehmen die für sie günstigsten Standorte auszuwählen und ihre Aktivitäten weltweit zu koordinieren."

Nach ZEIT-Lexikon, Zeitverlag 2005

Alle Welt ist erreichbar – die moderne Kommunikation

Von weltweiter Vernetzung

In einer wissenschaftlichen Untersuchung amerikanischer Soziologen, die den E-Mail-Verkehr von Freiwilligen auswerteten, wurde festgestellt, dass es höchstens sechs Stationen braucht, bis eine Mail einen dem Absender ganz unbekannten Empfänger erreicht, von dem nur Name, Beruf und Wohnort bekannt waren, aber nicht die Mail-Adresse. Die Teilnehmer an der Studie sandten ihre Post an Bekannte, von denen sie annahmen, dass diese der Zielperson näher waren und die Mail effektiv weitertransportieren könnten. Eine dieser E-Mail-Ketten ging etwa so: Ein Engländer sandte die Post an seinen Onkel in Kairo; der wiederum hatte einen Freund an der ägyptischen Botschaft in Moskau. Der kannte einen russischen Ingenieur im sibirischen Nowosibirsk und kurz danach landete die Mail bei der vorgegebenen Zielperson, Vera, einer Studentin an der dortigen Universität.

Nach einem Bericht der „Westfälischen Rundschau“ vom 8. August 2003

Der Begriff „Globalisierung“, für die wirtschaftlichen Vorgänge in der Welt erfunden, hat auch in etlichen anderen Bereichen

Telegrafistinnen im Telegrafensaal der Londoner Post, 1880

unseres Lebens Einzug gehalten: zum Beispiel in der Kommunikation (von lat. *communicare* = „mitteilen“). Vor Jahrhunderten schickten sich die Menschen ihre Mitteilungen per Brieftauben, Rauchzeichen, reitende Boten oder Postkutschen. Vor 170 Jahren gab es dann mit der Erfindung des Telegrafen einen riesigen Kommunikationssprung. Elektrische Signale übermittelten nun die Nachrichten von einer Telegrafenstation zur nächsten. Telegramme erreichten ihre Empfänger binnen Stunden; Briefe und Pakete, mit Eisenbahn und später auch mit dem Flugzeug transportiert, brauchten nur wenige Tage.

Und heute? Das Telefon gibt es seit über hundert Jahren. Mit ihren Handys sind die Menschen rund um die Uhr fast überall erreichbar. Milliarden von SMS sausen jeden Tag um den Erdball, Billionen von E-Mails finden ihren Adressaten, ein Mausklick vor dem Bildschirm und meine Botschaft, egal wie lang sie ist, erreicht im Bruchteil einer Sekunde meinen Freund in New York. Im Internet spielen Entfernungen und Grenzen keine Rolle mehr. Theoretisch könnte jeder jeden auf der ganzen Welt kennenlernen, vorausgesetzt, er hat Internetanschluss.

Vernetzung kann Leben retten

Dabei geht es selbstverständlich nicht nur um Spiel und Unterhaltung. Vernetzung in der Welt und schnelle Botschaften können Leben retten.

Kurz nachdem im November 2002 in China die gefährliche SARS-Epidemie, eine hochansteckende und häufig tödliche

Schutzmaßnahmen gegen SARS

Lungenkrankheit, ausgebrochen war, wurden Fälle der Krankheit in Singapur, Toronto, Frankfurt am Main und anderen Städten bekannt. Den Experten war schnell klar, dass sich die Keime über das Flugnetz ausbreiteten. Indem sie die 500 größten Flughäfen und deren Verbindungen untereinander untersuchten, konnte man anhand dieser Daten sehr schnell ziemlich genau vorhersagen, welchen Weg die Krankheit nehmen würde, welche Vorsorgemaßnahmen man zu treffen hatte, wo zum Beispiel besondere Sorgfalt bei den Desinfektionsmaßnahmen anzuwenden war. Dank der schnellen internationalen Kommunikation funktionierten die Maßnahmen und die Epidemie klang in der zweiten Hälfte des Jahres 2003 wieder ab.

Regierungen und andere wichtige Organisationen sind mithilfe der modernen Kommunikationstechnologie schnell über wichtige Ereignisse informiert und können sich abstimmen und reagieren, nicht nur bei Epidemien. Zum Beispiel können sie bei Erdbeben, Überschwemmungen oder Hungersnöten binnen

Das Technische Hilfswerk im Einsatz beim Hochwasser in Uganda 2007

Stunden oder Tagen Hilfe in Katastrophengebiete senden. Experten aller Wissenschaftsbereiche können auf der ganzen Welt miteinander kommunizieren. Die internationale Vernetzung macht es heute schon möglich, dass Internisten in Chicago online eine für einen Patienten in der Berliner Charité lebensrettende Diagnose über sein Herzkammerflimmern stellen und entsprechend Gegenmaßnahmen sofort eingeleitet werden können.
Auch wenn es manchmal so aussieht, als würden die kritischen Stimmen bei allem, was mit Globalisierung zu tun hat, immer lauter werden – es gibt auch eine eindeutig positive Seite!

Schnelligkeit und Freundschaft im Netz

Geschwindigkeit ist das markanteste Zeichen der Globalisierung – Zeit ist Geld. Dabei hilft die moderne Technik. Mit einem Mausklick gehen in Bruchteilen von Sekunden in der Bankenwelt Milliardensummen um die Welt, werden von den Handelsfirmen viele Tausende Tonnen Container auf den Weg gebracht, Stunde für Stunde, Tag für Tag. Es ist gleichgültig, sagt der Chef, wo meine Firma steht, ob im Norden oder Süden des Landes, in Europa oder in Asien, Hauptsache, es gibt Internet und gute Verkehrsanbindungen, damit ich meine Rohstoffe jederzeit bekomme und meine Produkte schnell verkaufen kann.
Prima, dass es das Internet gibt, hört man den Privatmann ausrufen. Hätte ich mir sonst heute die neuesten Musiktitel runterladen können oder die Filme, die ich schon lange sehen woll-

te? Hätte ich mir dieses oder jenes Schnäppchen über *ebay* ersteigern, diesen oder jenen Billigflug bekommen können?
Schüler und Studenten treffen sich, wenn sie miteinander reden wollen, oft nicht mehr persönlich, sondern über PC und Breitbandanschluss. Sie brauchen ihr Zimmer nicht mehr zu verlassen, um Mitglied eines sogenannten sozialen Netzwerkes zu sein. Das größte Netzwerk dieser Art ist *myspace* mit über 200 Millionen Mitgliedern in aller Welt. Es ist eine Online-Plattform mit Videos und Musikstücken, die bei Musikern und Fans sehr beliebt ist. Bei *facebook* (über 58 Millionen Mitglieder) treffen sich Freunde und Bekannte, reden miteinander, pflegen ihre Kontakte, bilden neue Freundeskreise.
Wer heute über einen Anschluss verfügt, ist an keinen Standort mehr gebunden, kann mit Leuten in der ganzen Welt reden und, wie die Befürworter dieser Entwicklung

begeistert feststellen, zur Völkerverständigung beitragen. Kritiker nennen diese Art des Kommunizierens allerdings eher oberflächlich und sehen darin keinen Ersatz für die persönliche Begegnung.

Gleichzeitigkeit

- Fast drei Milliarden Menschen sehen gleichzeitig das Endspiel der Fußball-WM – vor Ort, vor dem Fernseher, vor dem Computerbildschirm;
- in Kairo sitzt Abdallah und chattet mit Ben in New York; in Hongkong sitzen Shang-li und Kim vor dem Bildschirm und tauschen sich mit Miriam in Bogota aus, die sie im Chat kennengelernt haben;
- in der Tagesschau wird innerhalb von 15 Minuten von einer Hungersnot in Afrika, einem Bombenanschlag im Irak, militärischen Aktionen in Afghanistan und einem Börsenkrach in den USA berichtet;
- im sibirischen Khanty Mansiysk sitzt Sergej vor dem Computer und spielt mit Jeffrey in Manchester eine Blitzpartie Schach über den „Fritz“-Server in Hamburg, auf dem jeden Abend bis zu 7000 Spieler online sind und mit Partnern in aller Welt spielen;
- im heute-journal gibt es einen Livebericht aus Berlin zum Thema Steuerhinterziehung sowie einen aus Kuba über den Rückzug des Revolutionsführers Fidel Castro aus der Politik.

Das Wort „fern-sehen“ kann, wenn man es sich genau überlegt, auch mit Gleichzeitigkeit zu tun haben: Man ist „live“ dabei, denn vieles im Programm wird in Echtzeit wahrgenommen, und auch das ist ein Aspekt der Globalisierung.
Die Welt ist klein geworden –„small world“ ist ein heutzutage häufig gebrauchter Ausdruck: Man ist sowohl hier im Fernsehsessel oder am Computerbildschirm anwesend als auch fünftausend Kilometer entfernt bei einer Katastrophe, einem Sportereignis, einem sonstigen Event, das die Menschen bewegt. Dadurch verschwindet beim Zuschauer, beim Mitbetrachter und „Mit-Erleber“ das Gefühl der Ferne, der Unerreichbarkeit. Wenn früher irgendwo in der Welt etwas passierte, erreichte die Menschen die Nachricht davon infolge langer oder langsamerer Übermittlungswege später oder viel später (je nachdem, wie lange wir in der Zeit zurückgehen). Das Ereignis war dann längst vorbei. Die Menschen hatten Zeit, die Nachrichten zu verarbeiten, darüber nachzudenken, sie einzuordnen.
Im Zeitalter der Gleichzeitigkeit ist das nur noch schwer möglich. Ein Event jagt das andere, eine Nachricht löst in Windeseile die andere ab und in den Nachrichtensendungen wird ständig von einem Livebericht zum nächsten geschaltet. Vom

Verarbeiten einer Sache, vom Darübernachdenken kann keine Rede mehr sein. Im Grund ist es auch gleichgültig, was man da sieht, denn es ist ohnehin gleich wieder vorbei. Wir kommen einfach „nicht mehr mit“, so schnell geht alles. Das Schwinden von Entfernungen ist ein weiterer Grundzug der Globalisierung.

„Wer zu schnell irgendwo ist, ist nirgendwo. Von den Ureinwohnern Australiens wird berichtet, dass sie nach längerem Fußmarsch vor ihrem Zielort für einige Stunden nieder sitzen, damit die Seele Zeit hat, nachzukommen. War früher das Fahren eine Erfahrung, so kam man als Verwandelter an. Heute aber gilt: wer immer als derselbe ankommt, wird auch die Orte, wo er ankommt, einander gleich machen wollen ...“

Rüdiger Safranski in „Wie viel Globalisierung verträgt der Mensch?“

Bedrohung

Fühlen sich die Menschen noch sicher?

Terror

Wir werden täglich und stündlich von der Liveberichterstattung überschwemmt und sind kaum noch in der Lage, das alles zu verarbeiten. Diese Gleichzeitigkeit bringt auch ein verstärktes Gefühl der Bedrohung mit sich.

Das wurde besonders deutlich am 11. September 2001, als gegen neun Uhr Ortszeit zwei voll besetzte Linienmaschinen im Abstand von knapp einer halben Stunde in die Türme des World Trade Center in New York krachten und diese schließlich zum Einsturz brachten. Es starben über 3000 Menschen bei diesen von Selbstmordattentätern verübten Terrorakten. Am gleichen Tag raste ein drittes Selbstmordflugzeug in das Pentagon (Hauptsitz des Verteidigungs-

Terroranschlag auf das World Trade Center

ministeriums) in Washington, eine vierte entführte Maschine stürzte über einem Feld in Pennsylvania ab und riss zahlreiche Menschen mit in den Tod. Für diese terroristischen Verbrechen waren islamistische Fundamentalisten verantwortlich.
Über die Medien war alle Welt bei den Terrorakten dabei; ein Gefühl der Bedrohung der persönlichen Sicherheit der Menschen breitete sich rasch aus, zumal in den kommenden Jahren weitere schwere Anschläge, etwa in Madrid und London, gegen die Zivilbevölkerung begangen wurden. Die Gefahr ist nicht mehr irgendwo weit weg in der Welt, sondern kann hier im nächsten U-Bahn-Schacht, in der Wartehalle des Flughafens oder auf dem Bahnsteig lauern, wo sich jeden Morgen die Pendler drängen.
Der Staat reagiert auf die Bedrohung mit schärferen Überwachungsgesetzen, um Anschläge bereits in der Planung zu erkennen und zu verhindern. Der E-Mail- und Telefonverkehr kann überwacht werden, auf den Flughäfen gelten schärfere Bestimmungen und in regelmäßigen Abständen fällt auf den Pressekonferenzen der zuständigen Politiker das Wort von der erneut gewachsenen Terrorgefahr.

Risikogemeinschaft

Hat das alles mit Globalisierung zu tun? Oder ist es Ausdruck des übertriebenen Sicherheitsbedürfnisses mancher Leute? Die Antwort ist: Sehr viel hat das mit Globalisierung zu tun, denn das Bedrohungsgefühl wird durch das direkte Miterleben

in den Medien verstärkt. Krieg und Terror, Armut und Flüchtlingswellen sind nicht mehr weit weg, sondern gehen uns alle an. Es ist anzunehmen, dass in der globalisierten, beschleunigten und immer mehr aufgerüsteten Welt Anschläge durch Terroristen, die sich auf vielfältigen verschlüsselten Wegen über moderne Kommunikationsmittel verständigen können, leichter durchzuführen sind – egal in welchem Teil der Welt und damit natürlich auch vor unserer Haustüre. Eine Spirale der Gewalt dreht sich, in die auch Teile der Welt mit hineingezogen werden, in denen die Menschen sich bisher sicher glaubten.
Vielleicht könnte man sagen, dass es eine größer werdende Risikogemeinschaft der Menschen gibt, die ihr alltägliches Leben zunehmend bedroht sehen. Die Politik reagiert auf diese Veränderungen, wie an zahlreichen Konferenzen zu erkennen ist, die sich nicht mehr nur mit der wirtschaftlichen Zusammenarbeit befassen, sondern mit dem gemeinsamen Kampf gegen Terror, gegen Seuchen wie Aids, die durch die Vernetzung der Welt sich schneller ausbreiten können als je zuvor, oder gegen den Wandel des Weltklimas.

Klima und Umwelt

Man nehme zwei, drei Zeitungen und wird jeden Tag und jede Woche Schlagzeilen zu Klima und Umwelt finden. Alle deuten – überspitzt gesagt – auf eines hin: Bald ist es aus mit der Menschheit! Sie ist auf dem besten Wege, ihren Lebensraum selbst zu vernichten. Entweder sie geht unter, weil unsere Erde

Im Jahre 2050 ist der Nordpol eisfrei und am Südpol ist es um 3,6 Grad wärmer

Delfine in der Ostsee gesichtet

Ganz Deutschland stöhnt unter der Hitze

Dürrekatastrophe auf den Feldern Brandenburgs

Millionen Tote durch verschmutzte Umwelt

Schwimmen demnächst Krokodile im Rhein?

Erdrutsch in den Dolomiten

Klima-Konferenz in Bali mit dürftigem Ergebnis

Das Mittelmeer trocknet in hundert Jahren aus

unbewohnbar geworden ist, oder sie wandert, wie es der berühmte Physiker Stephen Hawking als Überlebensstrategie empfiehlt, auf andere Planeten aus.

Ein Horrorszenario? Nicht ganz, wenn man sich vorstellt, dass die Atmosphäre, die den Globus vor Kälte und den tödlichen Strahlen aus dem Weltraum schützt, nur ein ganz zarter Flaum von Gasen ist. Dieser Kokon, unter dessen Schutz wir leben, wird seit über 150 Jahren, seit Beginn der industriellen Revolution, immer mehr in seiner Funktion gestört durch Chemikalien und das Verbrennen von Öl, Gas und Kohle. Im Luftozean schwimmen seit Jahrzehnten die Rückstände dieser Verbrennung, das Kohlendioxid, und werden nicht zuletzt durch den starken Autoverkehr und die Weiterentwicklung der Technik

Die Industrienationen sind riesige Energieverschwender.

immer mehr, denn sie können nicht einfach in die Unendlichkeit des Raums entweichen.

Kohlendioxid ist ein Treibhausgas – es sorgt dafür, dass in der Erdatmosphäre mehr Wärme gespeichert wird. Nach Schätzungen von Experten befinden sich immer noch 56 Prozent des seit der industriellen Revolution in die Luft geblasenen Kohlendioxids in der Atmosphäre. Deren Aufnahmekapazität ist erreicht und das heißt: Es wird wärmer, denn die Wärme kann nicht mehr abgegeben werden durch den Stau des Gasmülls in der Luft. Schon eine Erhitzung des Erdklimas um wenige Grad Celsius kann nach Ansicht vieler Wissenschaftler massive Veränderungen mit sich bringen – Wirbelstürme, Überschwemmungen, Aussterben von Tierarten, Millionen Hitzetote, Versteppung weiter Landstriche sind nur einige davon.

Irgendwo, irgendwann hat ein Schmetterling mit den Flügeln geschlagen und so einen Wirbelsturm auf der anderen Seite der Welt ausgelöst;
irgendwo, irgendwann hat jemand das globale Netz beschädigt, und das hat Auswirkungen bis heute, auch auf ganz andere Teile der Welt;
irgendwo, irgendwann haben die ersten Kraftwerke ihren ungefilterten Dreck in die Luft geblasen, der sich jahrzehntelang zusammen mit den Schadstoffen aus den Autos, Kühlschränken und tausend anderen Quellen, die sich immer mehr in allen Ländern der Welt auftaten, im Luftozean ausbreitete.

Das Klima und auch die Umwelt werden durch die Globalisierung belastet. Besonders massiv zeigt sich das in hoch industrialisierten Gebieten, in denen viele Menschen leben. Die Megacitys in Asien, Lateinamerika und Afrika zum Beispiel, egal ob Schanghai, Djakarta, São Paulo oder Mexiko-City, ersticken mittlerweile im Dreck. Der Smog, die Verschmutzung der Luft, ist unerträglich. Die Straßen sind verstopft mit Autos, Lastern und Mopeds. Die Wälder im Umland werden häufig verbrannt, um noch mehr Platz zu schaffen für die pompösen Villen der Reichen und die wachsenden

Elendsviertel. Das verstärkt den Dunst, die Menschen laufen mit Atemmasken durch die Gegend.
Verdreckte Flüsse, von Öl verseuchte Meere, wachsende und zum Teil giftige Mülldeponien, zunehmender Einsatz von Düngemitteln, allgemeine Energieverschwendung in den Industriestaaten, immer mehr gesteigerte Fleischproduktion, Schadstoffe in Erde, Wasser und Eis – man könnte ein Schreckensbild nach dem anderen ausmalen.

„Die Grenzen des Wachstums"

Schon 1968 – da war das Wort „Globalisierung" noch lange nicht in Gebrauch – gründeten 70 Industrielle und Wissenschaftler den „Club of Rome", um über die Zukunft der Menschheit nachzudenken. Drei Jahre später erschien in Zusammenarbeit mit dem hoch angesehenen Massachusetts Institute of Technology (MIT) der Weltbestseller „Die Grenzen des Wachstums". Seine Botschaft war simpel: Unsere Erde hat nur eine begrenzte Anzahl an Ressourcen* (Rohstoffe wie Öl, Kohle, Gas) und nur begrenzte Möglichkeiten, Schadstoffe zu verkraften. Wer eine bestimmte Grenze überschreitet, wer dem Planeten Erde zu viel Rohstoffe entnimmt, wie es die globalisierte Wirtschaft tut, und ihm Abfälle und Umweltgifte zurückgibt, zerstört unsere Zivilisation.
Vielfach wurde der Club of Rome kritisiert und mit Spott überzogen. Die Damen und Herren des Clubs würden alles viel zu schwarz sehen, schließlich boome die Wirtschaft und den Men-

Giftmülldeponie nahe der deutschen Grenze

schen gehe es, zumindest in den entwickelten Industriestaaten, immer besser.

Der neueste UNO-Umweltbericht spricht allerdings auf das Klima bezogen davon, dass eine bestimmte Grenze schon überschritten sei und der Klimawandel nicht mehr umzukehren ist. Behält der Club of Rome (leider) recht? Viele Wissenschaftler sind überzeugt davon und auch viele Regierungen in aller Welt haben sich entschlossen, verstärkt Maßnahmen gegen den Klimawandel zu ergreifen.

Global Player

Hinter den Kulissen weltweit handelnder Unternehmen

Was ist nach der Bibel und dem Koran wahrscheinlich das meistgelesene Buch der Welt? Kleine Hilfe: Es wird jedes Jahr in einer Auflage von 118 Millionen Stück in insgesamt 23 Sprachen hergestellt, per Post verschickt und an die Haushalte in vielen Ländern der Welt verteilt – kostenlos, versteht sich. Nun?

Der Katalog der Firma Ikea natürlich, über dessen Gründer der „Stern“ (24.4.2003) schrieb: „Ikea. Ein Mann vermöbelt die Welt.“ In der Wirtschaft hat sich für solche weltweit agierenden Firmen der Name „Global Player“ eingebürgert. Wörtlich übersetzt wäre das ein „weltweiter Spieler“.

Als Weltkonzern, Multis oder Global Player bezeichnet man große international handelnde und miteinander verflochtene Konzerne. Normalerweise gibt es eine Muttergesellschaft und mehrere selbstständige Tochtergesellschaften in vielen Staaten in der ganzen Welt. Sie suchen ihren Standort nach den Gewinnmöglichkeiten aus: Wo sind die Arbeitskosten niedrig, wo gibt es günstige Steuerbedingungen? Diese Player haben große Wirtschaftsmacht und Einfluss auf politische Entscheidungen der jeweiligen Länder. Manche Unternehmen haben einen jährlichen Gesamtumsatz wie ganze Staaten mit ihrem Bruttoinlandsprodukt (BIP)* zusammen. WAL-MART ist mit 1,6 Millionen Angestellten größter Arbeitgeber der Welt und führt bei Weitem die Liste der Multis an, von denen jeder zweite seinen Sitz in den USA hat. Zweiter ist McDonald’s mit knapp einer halben Million Beschäftigter.

Geht in Wisseck der Ofen aus?

Der Reporter einer großen Illustrierten ist mit einem Fotografen in die rheinische Kleinstadt Wisseck gefahren. Der Fotograf schießt Bilder von einem Industriegelände am Rande der Stadt: große leer stehende Hallen und ein vierstöckiges Verwaltungsgebäude der Firma *Sauter & Koch,* die ihren deutschen Hauptsitz in Köln hat und als einer der großen Zulieferer für einen internationalen Autokonzern tätig ist. Der Reporter besucht den Bürgermeister.

„In unserer Stadt gehen bald die Lichter aus, seitdem die Firma ihre Produktion von Stoßdämpfern und anderen Federungen für Großfahrzeuge ins billigere Ausland verlagert hat“, klagt der Bürgermeister. „Über die Hälfte der Leute hier waren bei *Sauter & Koch* beschäftigt. Für die meisten wird es bitter, denn die finden so schnell hier in der Gegend keine Arbeit.“

Der Bürgermeister führt Reporter und Fotografen ans Fenster. Der Blick geht hinaus auf den Rathausplatz. „Zwei Restaurants da drüben haben zugemacht, die kleinen Boutiquen hier am Platz werden auch nicht mehr lange durchhalten, weil die Leute einfach kein Geld mehr haben. Die neue Sporthalle können wir jetzt streichen und für die Renovierung der Realschule ist kein Geld da. Wir merken sehr empfindlich den Ausfall der Gewerbesteuer, seit *Sauter & Koch* dichtgemacht hat. Globalisierung sagen Sie? Uns jedenfalls hat sie im Moment nichts Gutes gebracht! Allerdings muss ich fairerweise sagen, dass wir im Stadtrat zwei oder drei Anträge auf Zulassung kleinerer Unternehmen behandeln. Es handelt sich um einen holländischen Versand für Gärtnereiprodukte und eine Softwarefirma, die das Bürogebäude von *Sauter & Koch* übernehmen will."

Nicht immer gleich den Teufel an die Wand malen!

Der Journalist spricht mit ehemaligen Arbeitern der Firma, mit Geschäftsleuten, der Fotograf macht Bilder von einem leeren Gourmet-Restaurant. Die Leute äußern ihre Zukunftsängste. Ein fünfzigjähriger Metall-Facharbeiter erzählt, er habe seit der Schließung des Betriebes schon über 70 Bewerbungen geschrieben. Er habe die Hoffnung aufgegeben, noch einmal einen Job zu finden. Einige Jüngere haben allerdings schon neue Stellen gefunden, andere werden umgeschult.

„Ach was", sagt ein junger Mann in der Uniform eines Paketdienstes, den der Reporter im Stehcafé anspricht, „die Leute sollen nicht immer gleich den Teufel an die Wand malen und sich lieber mal überlegen, was sie sonst noch machen könnten, statt ihr Leben lang in der dreckigen lauten Halle für den Konzern zu schuften. Klar, es wird eine Weile schwierig, aber schließlich leben wir hier in einer sehr schönen Gegend und warum sollte Wisseck nicht für Touristen interessant gemacht werden? Daran hat bis jetzt keiner gedacht. Die Stadt wird sich verändern, aber das muss ja nicht unbedingt schlecht sein."

Standortverlagerung

Nur wenige in Wisseck wissen, dass die Firma eine Tochtergesellschaft eines Global Players ist, bei dessen Vorstandssitzung sich eines Tages folgende Szene ereignete:

„In Deutschland sind die Arbeitskosten zu hoch, meine Herrschaften. Wir brauchen eine andere Lösung", sagt der Vorstandsvorsitzende Dennis Winter, Chef der deutschen Sektion von ICGH *(International Chemical Group Holding)*, der Muttergesellschaft von *Sauter & Koch*, in der Sitzung vom März 2006.
„Ich erinnere daran, dass es niemals Beanstandungen gab mit den Produkten, die aus Wisseck kamen", gibt Karl Frühwaldt, Direktor der Produktion, zu bedenken.
„Richtig", bestätigt Dr. Joanna May,

Leiterin des Control Managements und im Vorstand von ICGH. „Mit den Wisseckern hatten wir nie Probleme. Wenn ich dagegen an die bulgarischen Partner denke – nichts als Ärger. Die Qualität der Arbeit war einfach miserabel, die Teile, die aus Sofia kamen, waren oft nicht kompatibel mit den in Deutschland und Polen hergestellten Transportfahrzeugen."

Winter zeigt auf eine Grafik mit einer Kurve der Lohnentwicklung in europäischen Ländern.

„Das mag sein, dennoch sind die Kosten in Deutschland mit fast 30 Euro pro Arbeitsstunde und enormen Steuersätzen einfach zu hoch. In Litauen haben wir 2,50 Euro, in Tschechien belaufen sie sich auf 4,30 Euro pro Arbeitsstunde. Wir produzieren hier einfach zu teuer!"

„Vielleicht könnte man noch einmal mit den politisch Zuständigen in Wisseck reden", schlägt Frühwaldt vor.

„Die Zeit drängt, die Entscheidung muss jetzt fallen" versetzt der Vorstandsvorsitzende, „sonst laufen uns die Konkurrenten davon."

Winter hält einen seiner im Vorstand bereits bekannten Vorträge mit den schon öfters diskutierten Argumenten: Der Run auch

der mittelständischen Betriebe in Deutschland auf die besten Standorte in den asiatischen und osteuropäischen Ländern sei in vollem Gange. Bald werde fast jeder vierte deutsche Industriearbeitsplatz im Ausland sein, denn Deutschland sei zusammen mit Belgien und Dänemark zum absoluten Hochlohnland aufgestiegen, in dem sich kaum noch Gewinne erzielen ließen. Das ginge nur noch in Ländern, wo die Löhne und Steuern wirklich niedrig seien. In der Regel seien die Arbeitnehmer in den meisten osteuropäischen Ländern inzwischen gut ausgebildet. Das müsse man jetzt nutzen und auf jeden Fall die Wissecker Firma verlagern. Das Ausland sei längst dabei, Deutschland im Wissensstand einzuholen.

„In der Diskussion um Arbeitsplatzverlagerung ins Ausland hat Arbeitgeberpräsident Hundt das Vorgehen deutscher Unternehmer verteidigt. Mit Auslandsinvestitionen werde die internationale Wettbewerbsfähigkeit gesteigert, sagte Hundt dem Kölner ‚Express'. SPD-Generalsekretär Benneter erklärte dagegen in der Zeitung ‚Die Welt', es gebe bei Unternehmen die Tendenz, nur die Vorteile in Deutschland zu nutzen, einen Beitrag zur Standortsicherung aber zu verweigern."

Tagesschau vom 12. April 2004

Gewinnmaximierung

So wie der fiktive Wissecker Betrieb werden viele deutsche Betriebe in Länder mit billigeren Produktionskosten wie Litauen, Polen, Ungarn, Rumänien in Osteuropa oder auch nach Asien etc. verlegt.

Einwände, die auf die soziale Lage der Beschäftigten im Falle der Arbeitslosigkeit hinwiesen, auf die Zukunft einer mit einem Unternehmen groß gewordenen Gemeinde, spielen in Vorstandssitzungen für gewöhnlich keine große Rolle. Gewinnmaximierung heißt die Devise vieler Firmenbosse, und wenn Deutschland und die deutsche Politik nicht fähig sind, die von den Multis gewünschten Bedingungen zu schaffen, muss das Land eben auf ihre Niederlassungen weiterhin verzichten – und damit auf Arbeitsplätze für die Bevölkerung und auf Steuern. Nur wenn es den Firmen gut geht, geht es der gesamten Volkswirtschaft gut, argumentieren die Global Player. Anscheinend hätten das manche Politiker noch nicht verstanden.

Globalisierung heißt für die Multis, die Möglichkeit zu haben, in jedem Land der Welt zu investieren und zu produzieren, was immer sie wollen. Außerdem wollen die Konzerne kaufen und verkaufen können, ohne dass irgendein Staat sie mit zu starken Beschränkungen daran hindert. Die Kapitalströme müssen nach ihrer Ansicht frei sein, sie dürfen keinen Behinderungen unterliegen.

„Karawanen-Kapitalismus“

Statt des fiktiven Wisseck hätte man auch das reale Bochum im Ruhrgebiet nehmen können. Alle Medien Deutschlands berichteten in der dritten Januarwoche des Jahres 2008 über den finnischen Handyhersteller Nokia, der verkündet hatte, aus Kostengründen seine Produktion in Deutschland einstellen zu wollen. Rund 2300 Beschäftigten drohte die Arbeitslosigkeit. Wie der Weltkonzern mitteilte, solle die Fertigung der Handys in die billiger arbeitenden Standorte in Rumänien und Ungarn verlagert werden.
Bundesfinanzminister Steinbrück warf den Finnen „Karawanen-Kapitalismus“ vor. Andere sprachen davon, dass die Industrie bei der Suche nach günstigen Produktionsbedingungen inzwischen einen regelrechten „Wanderzirkus“ veranstaltet. Das trifft

Demonstration gegen die Schließung des Nokia-Werkes

auch für so manches deutsche Unternehmen zu, verlagern doch zum Beispiel der Autohersteller BMW und andere Firmen Produktionsstätten in die USA, denn dort ist es 25 Prozent billiger, ein Auto zu bauen, als in Deutschland. Es gibt staatliche Regionalförderungen, damit sich Betriebe eben nicht auf den Weg machen in Länder, wo Arbeitskosten, Steuern und bürokratische Hindernisse niedriger sind. Und es gibt Subventionen* für ausländische Firmen, damit sie nach Deutschland kommen.

Viele Firmen kamen insbesondere nach der „Wende“ im Jahre 1990 nach Deutschland, das, wie die Wirtschaftsexperten sagen, ein Gewinner der Globalisierung ist – schon, weil es als „Exportweltmeister“ gilt. Das heißt, aus keinem Land der Welt werden so viele Güter, speziell Autos und Maschinen, in alle Welt verschifft und damit Unsummen verdient.

Viele Firmen gehen aber auch wieder, wie in unserem Wisseck-Beispiel oder in Bochum, und die Frage stellt sich: Wem nützt es, wem schadet es? Die Bochumer werden eine eindeutige Antwort geben, aber auch die Menschen im rumänischen Cluj werden sie wissen: Dort werden, wie man schätzt, über 10 000 Menschen in den nächsten Jahren in der Handy-Herstellung

einen Job finden. Die Gebäude für das Industriegebiet baut wiederum eine Firma aus Bielefeld. Sie erhielt den Zuschlag für das 40-Millionen-Projekt und sichert damit anderen Arbeitnehmern den Job. Dem Staat Deutschland entgehen durch die verlorenen Arbeitsplätze in Bochum Steuern und er muss unter Umständen viel Geld an die Arbeitslosen auszahlen, die keine neuen Jobs finden.
In den Zeiten der Globalisierung können überall Geschäfte gemacht werden. Die einen verlieren, die anderen gewinnen dabei.

Die Arbeitslosigkeit in Deutschland ist ein großes Problem.

Traum vom Reichtum

Von der weltweiten Vernetzung der Finanzmärkte

„Am weitesten fortgeschritten ist die **Globalisierung der Finanzmärkte** für Wertpapiere, Geld- und Devisengeschäfte sowie Kredite. Durch Liberalisierungs-* und Deregulierungsmaßnahmen* in einer Vielzahl von Ländern und den damit verbundenen Übergang zu einem weitgehend freien Geld- und Kapitalverkehr wurden die Grenzen der einzelnen nationalen und internationalen Marktbereiche aufgehoben."

ZEIT-Lexikon, Zeitverlag 2005

„Wenn Amerika niest, bekommt die Welt eine Erkältung"

Dieser Spruch ist in der globalisierten Finanzwelt sehr bekannt. Wie das funktioniert?

Mister Conolly hat für seine Familie in Virginia, USA, vor zwei Jahren ein Haus gekauft zu einem sehr günstigen Kredit bei seiner US-Bank. Mit ihm wurden zahllose andere Amerikaner stolze Hausbesitzer, denn in Amerika wurden in den

letzten Jahren immer mehr Billigkredite vergeben. Der Grund: Nach den Terroranschlägen vom 11. September 2001 ging die Wirtschaft zurück. Ein Boom in der Baubranche sollte helfen, sie wieder anzukurbeln. Es funktionierte für kurze Zeit, dann stiegen die Kredit-Zinsen. Sie sind der Preis des Geldes, das man sich leiht, und der wird bei starker Nachfrage wie auch bei jeder anderen Ware höher. Immer mehr Leute konnten die Raten wegen der gestiegenen Zinsen nicht mehr bezahlen. Sie mussten die Häuser wieder verkaufen oder sie wurden ihnen durch Zwangsversteigerung weggenommen. Banken und Finanzinvestoren gerieten durch die Zahlungsunfähigkeit der „Häuslebauer“ in Schwierigkeiten. Sie hatten Hypotheken, also das „Pfandrecht“ zur Sicherung von Forderungen, von Millionen von Amerikanern aufgekauft, um damit an der Börse zu handeln. Doch es wurde nichts mit dem schnellen Geld. Viel zu viele Häuser und Wohnungen standen leer, konnten nicht weiterverkauft werden. Aufgrund des Überangebots begannen die Immobilienpreise stark zu fallen, der Markt schrumpfte und an der Börse waren die Immobilienaktien nicht mehr viel wert.
Diese Krise in den USA schlug und schlägt bis heute hohe Wellen. Der Grund ist die internationale Verflechtung im Bankenwesen. Viele Banken haben sich von anderen Geld geliehen, etwa europäische von amerikanischen. Treten in Amerika Probleme auf, steigen die Zinsen; wackelt ein Geschäft in Amerika, kann es in England oder Deutschland zum Gau auf dem Finanzsektor kommen, weil auch europäische Banken mit amerikanischen Immobilienaktien spekuliert haben. So stürzten

am 21. Januar 2008 an einem Tag weltweit die Börsenkurse, in Deutschland um fast acht Prozent. Bei diesem Crash sind auf einen Schlag Milliardenwerte vernichtet worden. In fast allen Nachrichten wurde als Ursache das Stichwort „Globalisierungseffekt“ genannt, ausgelöst durch die Krise auf dem amerikanischen Immobilienmarkt. Manche sagen, das war mehr als ein Niesen, das war eine Lungenentzündung.

Kammers träumen vom schnellen Gewinn

Das Ehepaar Kammer hat 10 000 Euro geerbt. Das Geld soll wegen der niedrigen Zinsen nicht einfach auf die Bank. Ein Bekannter rät ihnen, sich an der Firma ICGH zu beteiligen. Dieser Konzern würde, da er ein sehr gutes Management habe, das schnell auf die Herausforderungen der Globalisierung reagiere, viel Gewinn machen. Im Wirtschaftsteil der Zeitung habe man mindestens zehn Prozent Zinsen pro Jahr für die Aktien* der ICGH vorausgesagt. Das wären 1000 Euro Gewinn jährlich; Herr und Frau Kammer können nicht widerstehen und kaufen Aktien, das heißt, sie beauftragen ihre Bank damit. Das Gleiche tun viele andere Menschen, die ihr Geld in Aktien anlegen und Gewinn machen wollen.

Im besten Falle klappt es, der Wert der Aktie steigt und es kommen zehn Prozent Gewinn pro Jahr heraus. Viele Leute haben auf diese Weise im Laufe der Jahre Geld verdient; andere haben Geld verloren, denn im schlechten Falle sinken die Gewinne von ICGH und damit der Wert der Aktien. Schnell versuchen alle Anleger, ihre Aktien zu verkaufen. Das führt dazu, dass der Wert noch weiter sinkt. Im schlimmsten Fall machen die Anleger Totalverlust.

Strom des Kapitals

Stellen wir uns vor, wie Millionen und Milliarden Euro oder Dollar in einem Kapitalstrom rund um den Globus fließen. Wenig Grenzen können diese Kapitalströme aufhalten. Als „unberechenbar“ und „grausam“ werden sie manchmal bezeichnet. Sie werden mit einem Mausklick von Managern großer Finanzgesellschaften und superreicher Investoren gesteuert auf der Suche nach Gewinn. Mit ihrer Geldmacht werden zum Beispiel Firmen, Wohnungen, ganze Straßen, Supermärkte, Freizeitparks usw. aufgekauft, später mit Gewinn wieder verkauft. Die Frage ist immer: Wo kann ich – wie es auch unsere Kammers dachten – mehr Geld verdienen als mit den läppischen ein oder zwei Prozent Zinsen des Sparkontos? Wie kann ich möglichst schnell möglichst viel Kohle machen? Denn das ist der Auftrag der Finanzgesellschaften und Investmentfonds*, die das Geld von Millionen Anlegern zu vermehren haben.

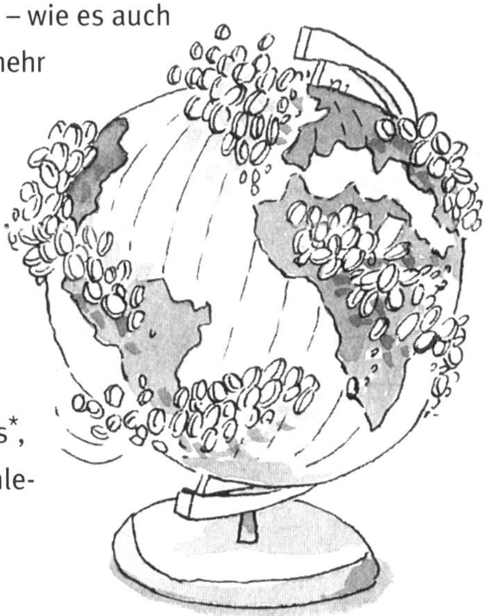

Der Unternehmer weint

Die Sender ProSieben/SAT 1 gehören zu großen Teilen der Permira-Finanzgruppe, die weltweit agiert, kauft und verkauft. Weiß jemand, dass Permira auch hinter dem Label Hugo Boss oder Iglo-Fischstäbchen steckt, um nur die bekanntesten Objekte zu nennen, mit denen die Gruppe Geld zu verdienen versucht? Das Arbeitsprinzip dieser Finanzanleger ist stets ähnlich: Ausschau halten nach Firmen, die in Schwierigkeiten sind (die oben genannten Sender etwa verloren Zuschauer und entsprechend auch Werbeeinnahmen). Die maroden Firmen werden zu günstigem Preis gekauft und „saniert".

„Sanierung" bedeutet oft, dass Arbeiter und Angestellte entlassen werden, dass Mieter die gestiegenen Mieten nicht mehr zahlen können und ihnen gekündigt wird, dass ganze Firmen zerschlagen und in Einzelteilen verkauft werden. Es wird zum Beispiel ein ganzer Straßenzug in Leipzig aufgekauft. Aus den ehemaligen Mietwohnungen sollen Eigentumswohnungen entstehen, denn das bringt viel Gewinn. Es ist den Investoren oft gleichgültig, was aus den Leuten wird, die hier jahrzehntelang gewohnt haben. Mit allerlei üblen Methoden von Mieterhöhung bis zu erzwungener Renovierung und

Umgestaltung werden die alten Mieter vertrieben. Gewinnmaximierung ist die Devise, Schaden und Nutzen sind eine Frage des Standpunktes.

„Ich habe manchen Unternehmer weinen sehen bei der Unterschrift", erzählte Thomas Krenz, Chef von Permira, der „Frankfurter Allgemeinen Sonntagszeitung" (9. Dezember 2007). Das Herz des Unternehmers alten Schlages hängt an seinem Betrieb, seinen Leuten, um die er sich vielleicht jahre- und jahrzehntelang gekümmert hat. Manche Firma ist seit Generationen im Besitz einer Familie. Und plötzlich – manchmal binnen Wochen oder Monaten – geht alles „den Bach runter", weil, um das Bild wieder zu gebrauchen, der Flügelschlag eines Schmetterlings das Erdbeben in der Finanzwelt, die Schwanzflosse im fernen Ozean hier einen Tsunami ausgelöst hat, der über die mittleren Betriebe hinwegrollt und sie zahlungsunfähig macht, weil zum Beispiel Kredite zu teuer werden, weil nicht mehr verkauft werden kann, weil Waren aus anderen Ländern viel billiger geworden sind und sie von der Konkurrenz überrollt werden.

„Heuschrecken“

Finanzinvestoren – Privatpersonen, eine Gesellschaft, eine Bank – erwerben Anteile an einem Unternehmen (Firma, Wohnbaugesellschaft, Kraftwerk, Flughafen, Fernsehstation usw.) mit dem alleinigen Ziel, das eingesetzte Geld zu vermehren. Dazu sind viele Mittel recht, zum Beispiel auch die Zerschlagung des Unternehmens, in das investiert wird, seine Aufteilung in mehrere kleinere Firmen oder die Verlagerung in ein anderes Land. Finanzinvestoren sind daher in Deutschland ziemlich umstritten. Damit sind oft auch große Investmentfonds, sogenannte „Hedge-Fonds“, oder „Private-Equity-Gesellschaften“ gemeint, die das Geld ihrer Kunden anlegen mit dem Zweck schnellstmöglicher Vermehrung. Der SPD-Politiker Franz Müntefering bezeichnete sie als „Heuschrecken“, da sie wie diese Tiere unvermittelt einfallen, alles abfressen und wieder verschwinden, um sich das nächste Opfer zu suchen. Im Gegensatz zum Finanzinvestor hat der traditionelle Unternehmer, der Besitzer einer Firma oder auch ein Investor, der dort auf längere Frist sein Kapital einsetzt, meistens auch längerfristige Ziele, die den Erhalt der Firma betreffen, die auf Dauer Gewinn abwirft, ihm vielleicht private Macht, Einfluss und Ansehen bringen und – im besten Falle – auch die Absicherung seiner langjährigen Mitarbeiter.

Spuren des Kapitals

Das internationale Finanzkapital hinterlässt Spuren in den Ländern, durch das es zieht. Nur der Gewinn zählt, und sobald es nach einer Krise aussieht, indem zum Beispiel von einer Regierung des jeweiligen Landes andere Steuergesetze erlassen werden oder der ungehinderte Aufkauf strenger reglementiert wird, zieht der Kapitalstrom weiter. Neben genauen Informationen über die wirtschaftlichen Vorgänge spielt Psychologie eine Rolle, denn die Menschen hinter den Kapitalströmen reagieren wie Herdentiere, die dem Ruf des Leitwolfes

vertrauen. Beim Ruf „Gewinn!“ rennt alles los und schon – wie im Beispiel mit der Erbschaft – folgen ihm alle, sprich das Geld der Investoren. Dabei kann es durchaus sein, dass es sich um „falschen Alarm“ handelt, die Investition gar nicht so gewinnbringend ist, wie es aussieht, und die Verluste bei den Anlegern sind dementsprechend hoch.

Dass ausländische Investitionen in Deutschland besonders nach der Wende auch viel Positives brachten, ist unbestritten. Doch die globalisierten Finanzmärkte, die Kapitalströme, die kommen und gehen, Krisen hervorrufen und von den Krisen anderer profitieren, sind auch ein Problem. Die Bundesregierung plant zwei Gesetze, mit denen sie Aktionäre aus dem Ausland abschrecken will. Es soll nicht mehr so leicht sein, bei deutschen Firmen einzusteigen oder sie ganz zu kaufen mit dem Ziel, möglichst schnell viel Geld zu verdienen, gleichgültig, was aus den Leuten wird, die bisher dort gearbeitet haben.

Drache und Tiger

Von China und anderen Gewinnern des Globalisierungsprozesses

Ob New York oder Hamburg – in vielen großen Häfen der Welt landen wöchentlich riesige Containerschiffe mit Waren aus China. Bis vor Kurzem noch als Entwicklungsland bezeichnet, gilt es heute als **das** Gewinnerland der Globalisierung. Es ist mit 1,3 Milliarden Einwohnern der bevölkerungsreichste Staat der Erde. Seit über 20 Jahren wächst die Wirtschaft des Riesenlandes jährlich um mehr als neun Prozent und das Durchschnittseinkommen der Chinesen um fünf Prozent – Zahlen, von denen die modernen Industriestaaten in Europa nur träumen können.

Bauboom in Schanghai

Geschickte Wirtschaftspolitik

Die reichen Länder pumpen Unsummen – bisher sind es rund 550 Milliarden Dollar – nach China, um dort in ihren Unternehmen produzieren zu lassen. Das Interesse der westlichen Länder hat China sich geschickt zunutze gemacht. Es hatte durch strenge Gesetzgebung erreicht, dass die westlichen Stahl-, Chemie- und Pharmaunternehmen, die Banken, Maschinenbauer und andere zwar ihre Firmen im Land des Drachen bauen, aber nur einheimische Arbeiter beschäftigen dürfen. Diese strengen Gesetze wurden etwas gelockert, im Prinzip funktioniert es aber noch so: Du baust hier deine Fabrik auf, beschäftigst unsere Leute und gibst uns vor allem dein Wissen, dein Know-how; du betreibst hier Forschung, richtest Labore und Ausbildungsstätten ein, von denen auch unsere einheimischen Kräfte profitieren können. Fast alle Unternehmen der Industrienationen gehen darauf ein, denn niemand will auf den riesigen Markt in China verzichten, auf die Möglichkeiten des billigeren Produzierens als in der Heimat. Und natürlich wollen alle ihre Waren auch in dem bevölkerungsreichsten Land der Erde verkaufen.

Vom westlichen Wissen profitiert China und ist so in der Lage, selber Hochtechnologie zu produzieren wie Computer, Fernseher, zahlreiche Kleinelektronikteile und natürlich Computerspiele und Software für zahlreiche Anwendungen. Viele chinesische Produkte finden sich in den Regalen unserer Kaufhäuser. Inwieweit hier „Produktpiraterie" im Spiele ist, also geklautes Wissen und illegaler Markenbetrug, ist ein dauernder Streitpunkt und Diskussionsthema bei den Treffen der Politiker. Auch die Nichteinhaltung der für uns selbstverständlichen Menschen- und Bürgerrechte und der Umweltschutz in dem Riesenland sind ein Thema.

„Drecksarbeit aus China"

„Der Erfolg des Wirtschaftsbooms basiert auch auf den miserablen Arbeitsbedingungen. Die ganze Welt schaut neidisch auf den Wirtschaftsboom in China – zu Recht? Das Wirtschaftswachstum und der Modernisierungsprozess, den China seit Beginn der Wirtschaftsreformen Anfang der Achtzigerjahre durchgemacht hat, ist enorm. Gleichzeitig haben aber die wirtschaftlichen und sozialen Ungleichheiten eklatant zugenommen. Der Wirtschaftsboom konzentriert sich auf die Zentren von Hongkong, Schanghai und Peking, während in den Provinzen und im Westen des Landes eine Deindustrialisierung stattfindet, die viele Leute in prekäre Armut treibt. Ein Drittel der chinesischen Bevölkerung wird immer ärmer, fünf Prozent immer reicher …"

Aus einem Artikel in „amnesty journal" (September 2005)

Die Armut in China wächst.

China ist eine kommunistische Diktatur. Die Menschen dürfen ihre Regierung nicht wählen, sich nicht frei versammeln oder ihre Meinung sagen. Die Gefängnisse, Straf- und Umerziehungslager sind voll mit politischen Gefangenen, viele werden hingerichtet. Die Arbeitsbedingungen sind aus unserer Sicht häufig menschenunwürdig. Die rasant zunehmende Umweltverschmutzung (fast wöchentlich nimmt irgendwo in dem energiefressenden Riesenland ein neues Kraftwerk den Betrieb auf) richtet schwere Schäden an. Millionen Menschen, die wegen Staudammbauten umgesiedelt wurden, verloren ihre Heimat. Kritik an den Zuständen im Lande ist den Machthabern aber höchst unwillkommen. Die Weltöffentlichkeit hält sich zurück, denn mit dem wichtigen Wirtschaftspartner China will es sich niemand verderben.

Ausweitung der Wirtschaft Chinas

Vor allem in drei Bereichen hat das Entwicklungsland China bereits das Niveau der hoch entwickelten Industriestaaten erreicht: in der Bio-, der Informations- und der Raumfahrttechnologie. Ein weiterer wichtiger Faktor für diesen Aufstieg: Die beschriebenen internationalen Kapitalströme müssen weitgehend an Chinas Grenzen haltmachen, denn Gesetze verhindern das ungebremste Agieren der „Heuschrecken“ im Land des Drachen. China, Gewinner der Globalisierung, verkauft inzwischen seine Produkte in aller Welt. Neben den westlichen Ländern ist eines der Ziele der globalen Ausdehnung des Landes der afrikanische Kontinent, einst vor allem im Visier der europäischen Kolonialmächte. Jetzt steigt China groß auf dem schwarzen Kontinent ein, um sich Rohstoffe und Absatzmärkte für seine Produkte zu sichern. Von „Afrikas neuen Freunden“ schreiben die Zeitungen. Die ZEIT berichtete Anfang 2008, dass bereits rund 750 000 Chinesen in Afrika im Einsatz seien, unter anderem als Manager, Ärzte, fliegende Händler, Importeure, Kleinstunternehmer und als Vertragsarbeiter auf zahllosen Großbaustellen.

Ein Auto für Indien

In geringerem Maße ist auch Indien ein Gewinner. Das Land reformiert seit etwa zehn Jahren seine Wirtschaft und verkauft (privatisiert) staatliche Betriebe und ist so auf den allgemeinen Globalisierungszug aufgesprungen. Aufgrund einer sehr hohen Anzahl von Analphabeten im Lande geht der wirtschaftliche Aufschwung hier langsamer. Immerhin sank die allgemeine Armutsrate auf 25 Prozent (vor 30 Jahren galt noch über die Hälfte der Bevölkerung als arm).
Im Januar 2008 wurde in Neu-Delhi vom Großkonzern Tata der „Nano“ präsentiert. Er ist mit 1700 Euro das billigste Auto der

Der Nano

Welt und soll die Inder mobil machen (soweit das, wie sogleich von Kommentatoren angemerkt wurde, angesichts der total verstopften und defekten Straßen in dem Riesenland überhaupt möglich ist). Auch der Nano ist ein Zeichen der Globalisierung. Er soll, wie es in den 1950ern der VW-Käfer im Industrieland Deutschland tat, den vielen Millionen Menschen in Indien und vielleicht auch in anderen ehemaligen Entwicklungsstaaten, die jetzt zu Schwellenländern und teilweise wie China zu Industriestaaten werden, mehr Beweglichkeit verleihen. Was das für die Luftqualität in den asiatischen Großstädten und anderswo bedeutet, ist ein anderes Thema.

Tiger (Schwellenländer)

Erst waren sie arme Entwicklungsländer*, gehörten zur sogenannten Dritten Welt (eine Bezeichnung, die inzwischen kaum noch gebraucht wird). Im Zuge der Globalisierung, der internationalen Zusammenarbeit und Arbeitsaufteilung ging die Entwicklung in diesen Ländern sehr schnell. Sie fanden sich innerhalb weniger Jahre an der Schwelle zu Industriestaaten. Diesen Status haben sie noch nicht ganz erreicht, daher die Bezeichnung Schwellenland* zum Beispiel für Thailand, Südkorea, Taiwan, Brasilien, Mexiko. Auch China wurde dazu gerechnet, inzwischen ist nicht mehr ganz klar, ob das Land nicht bereits die Schwelle zur Industrienation überschritten hat oder dies zumindest in Kürze tun wird.

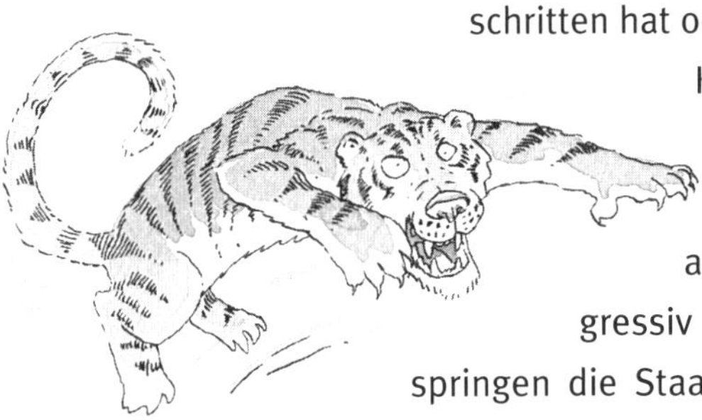

Die Heimat des Tigers ist Südostasien. Kraftvoll und aggressiv wie diese Raubkatze springen die Staaten in ihrer Entwicklung nach vorne. Daher wurde für die Schwellenländer dieser Region – also Thailand, Südkorea und Taiwan sowie Indonesien, Singapur, Malaysia und die Philippinen –, die Bezeichnung „Tigerstaaten“ erfunden. Die rasant anwachsenden Produktionszahlen der ausländischen Firmen, die sich in diesen Ländern angesiedelt haben, und die zahlreichen und schnellen Handelsverbindungen machen es möglich, dass die wirtschaftliche Entwicklung dieser Schwellenländer in atemberaubendem Tempo vorangeht. Das hat allerdings zur Folge, dass die Städte in diesen Ländern rasch und unkontrolliert wachsen, zahlreiche Slums in Südostasien entstehen und die

Slum in Manila

Landbevölkerung weitgehend verarmt. Ein großer Teil der Bevölkerung hat nur einen geringen Anteil am Aufschwung; viele asiatische Arbeiter schuften im Akkord unter für unsere westlichen Begriffe unmenschlichen Bedingungen für Minilöhne. Entwicklungen, die parallel zu wachsendem Einkommen und Wohlstand der Oberschicht auch zu schweren sozialen Spannungen führen.

Auch Russland wird oft in der Liste der Schwellenländer geführt. Die einstige kommunistische Weltmacht hat sich in den letzten Jahren immer mehr zu einem kapitalistischen Staat gewandelt. Der Aktienmarkt boomt und als Energielieferant für Westeuropa, besonders für Deutschland, spielt Russland eine immer größere Rolle. Allerdings wird es in Darstellungen des Globalisierungsprozesses kaum erwähnt, da es zu wenige Informationen über das Land gibt – es schottet sich weiterhin stark ab.

Afrika

Die Verlierer der Globalisierung

„Afrika war immer ein Objekt expansiver Ideen anderer. Wir im Norden müssen jetzt umdenken und dürfen nicht untätig zusehen, bis sich die Krisen in einigen Ländern Afrikas noch weiter zuspitzen ... Fairness und Gleichberechtigung sind gerade in einer globalisierten Welt unerlässlich ..."

Bundespräsident Horst Köhler am 4. November 2007 auf der dritten Afrika-Konferenz im hessischen Eltville

Eroberungspolitik

Früher betrafen diese „expansiven" Ideen (der Begriff „Expansion" stammt aus dem Lateinischen und bedeutet so viel wie „Ausweitung" oder „Ausdehnung"), von denen der Bundespräsident sprach, vor allem die Unterwerfung vieler Länder in mehreren Kontinenten und besonders in Afrika unter die Hoheit europäischer Staaten. Deren Eroberungspolitik – man nannte sie auch Kolonialismus* – diente vor allem einem Ziel: der Ausbeutung fremder Länder. Gold, Diamanten, später Öl und andere Rohstoffe, Tee, Kaffee, Tabak, Südfrüchte, alles wurde zu Billigstpreisen und mithilfe der geschundenen einheimischen Arbeitskräfte gefördert, geerntet, nach Europa geschafft und für viel Geld in den Heimatländern verkauft.

Europäischer Kolonialist, 1906

Was die spanischen und portugiesischen Seefahrer im Auftrag ihrer Herrschaft im 15. Jahrhundert begonnen hatten, wurde in viel größerem Ausmaß im 18., 19. und teilweise noch bis in die Mitte des 20. Jahrhunderts von Deutschland, Frankreich, den Niederlanden, Portugal, Spanien und England in Afrika und Asien, Mittel- und Südamerika und im Nahen Osten fortgesetzt. Viele Länder in diesen Regionen standen Jahrzehnte und Jahrhunderte unter der Oberhoheit der fremden Herrscher. Ihre Bewohner hatten so gut wie keine Rechte und von den Reichtümern ihrer Heimat profitierten andere. Bis zum Ausbruch des Ersten Weltkrieges 1914 lebten mehr als die Hälfte der Menschen auf der Welt in Kolonien. Das war auch eine Form der Globalisierung, allerdings eine sehr einseitige, denn nur eine Seite hatte den Nutzen.
Haben sich die Zeiten geändert? Natürlich, es gibt keine Kolonien mehr. Doch es entbrennt immer wieder eine heftige Diskussion darüber, ob die Globalisierung nicht auch eine wirtschaftliche Eroberungspolitik sei. Die Starken gegen die Schwachen, die Reichen gegen die Armen und es gewinnt dabei nur eine Seite.

Ohne Perspektive

Der Hühnerzüchter Francis Mvomba aus einem Dorf rund 50 Kilometer von Douala entfernt, ist verzweifelt. Er steht seit Stunden auf dem Markt der größten Stadt Kameruns mit seinen Helfern inmitten der rund um ihn aufgebauten Käfige mit seinem gackernden, kreischenden Federvieh. Er wird sein Geflügel einfach nicht los.

Dabei ist er seit Tagen Stück für Stück bereits mit dem Preis nach unten gegangen und macht jetzt schon schweren Verlust. Sein Sohn Ahmadou kehrt, in jeder Hand sechs flatternde Hühner, an den Füßen zusammengebunden, von einer Tour zurück. Er hat versucht, sie auf diese Weise direkt in entfernteren Ecken des Stadtteils anzubieten. Früher gelang das immer, meist kehrte er erfolgreich und mit gutem Gewinn zum Stand

zurück. Das klappt nicht mehr, auch die anderen Hühnerverkäufer sind am Boden und sehen ihr Geschäft ruiniert.
„Wir müssen aufgeben!“, klagt Mvomba resigniert und fängt an, seine Käfige auf den klapprigen Lieferwagen zu laden. Wieder hat er an diesem Tag nichts verdient. Wie soll er seine Familie ernähren, die Kredite zurückzahlen? Hatte er nicht im letzten Jahr voller Optimismus, der drohenden Gefahr aus dem Norden etwas entgegensetzen zu können, seinen Betrieb umgebaut, wie zahlreiche andere Hühnerzüchter seiner Gegend und im ganzen Land (denn Kamerun ist ein traditionelles Land der Hühnerhaltung und -zucht, sowohl für den Eigenbedarf als auch für den Handel mit dem Geflügel)? Neue Ställe gebaut für über tausend Hühner aus neuer, genetisch verbesserter Züchtung, die längst nicht mehr so lange brauchten bis zur Schlachtreife wie das gute alte Haushuhn, das bisher auf den Höfen friedlich im Staub scharrte?
Hat Mvomba nicht alles in seinen Möglichkeiten Stehende getan, um sich gegen die Globalisierung zu wappnen?

„Das globale Huhn“

„Die machen uns kaputt!“, klagt Mvomba und mit ihm viele Hühnerzüchter aus Kamerun. Mit „die“ meint er europäische Exporteure von Hähnchenteilen und Hühnerschenkeln nach Afrika. Auf Kameruns Märkten tauchen sie seit einiger Zeit auf für weniger als einen Euro das Kilo. Einige Firmen, vor allem in den Niederlanden und Norddeutschland, haben den Segen der Globalisierung entdeckt und damit Möglichkeiten großen Gewinns.

Diese Firmen exportieren billige Hühnerteile in arme Länder, das „wertvolle“ weiße Fleisch, vor allem Filets vom Huhn, mager und fettarm, wandert in die Kühlregale der Supermärkte in den reichen Industrieländern. Hühnerköpfe, Schenkel, Innereien und anderes, bei den reicheren Konsumenten nicht gewünschtes „Restfleisch“ geht tiefgefroren nach Afrika, Lateinamerika und Asien. Die Verschiffung kostet die Konzerne, die hauptsächlich am „edleren“ Fleisch für die westlichen Märkte verdienen, immer noch weniger als der Preis, den sie auf den afrikanischen Märkten für die Ware erzielen können. Für die traditionellen kleineren Betriebe in Kamerun eine Katastrophe, für die gigantischen Zuchtfirmen in Europa ein Riesengewinn, denn hier geht es um Millionen und Abermillionen Hühner und

Hähnchen, die in einer immer perfekteren Massenproduktion effektiv bis zur schnellstmöglichen Verwertung gebracht werden.

Für menschlichen Verzehr nicht geeignet

Für Francis Mvomba und einige seiner Kollegen gibt es einen Hoffnungsschimmer: Es wurde in einem Labor nachgewiesen, dass über 80 Prozent der ausländischen Hühnerteile für den menschlichen Verzehr nicht mehr geeignet sind, da die Händler in Kamerun sie von den Containerschiffen aus ungekühlt zu den Märkten im Lande schaffen, denn Kühlhäuser gibt es so gut wie nicht. Wie bei vielen Aktionen in afrikanischen Ver-

waltungen spielen auch hier korrupte Beamte eine fatale Rolle, die gegen entsprechend Bares notwendige Importbescheinigungen ausstellen und oft Zeitangaben verfälschen.
In Kamerun wächst der Widerstand gegen diese Form der Globalisierung. Die Hühnerzüchter wollen eine Kampagne gegen den in jeder Hinsicht gefährlichen Import europäischen „Restfleisches“ in Gang setzen. Das Buch von Franciso Marì und Rudolf Buntzel „Das globale Huhn. Hühnerbrust und Chicken Wings – wer isst den Rest?“ berichtet über die Methoden der Hähnchenfleischkonzerne, die genetisch beeinflussten Züchtungsmethoden ohne Rücksicht auf die steigenden gesundheitlichen Gefahren für die Menschen, die Zerstörung von Landwirtschaften in den Entwicklungsländern. Denn es geht hier nicht nur um die Hühnerimporte nach Kamerun, sondern auch um andere weltweite skandalöse Machenschaften von Agrarkonzernen im Zuge der Globalisierung.

Baumwolle

Mali liegt einige hundert Kilometer nördlich vom westafrikanischen Kamerun. Die fruchtbarste Region des Landes heißt Sikasso. Hier wächst die beste Baumwolle von ganz Afrika, wie es heißt. Sie brachte den Menschen einen leidlichen Wohlstand. Damit ist es nun vorbei und man muss gar nicht von der auch hier allgegenwärtigen Korruption reden und vom Verschwinden der westlichen Hilfsgelder, sodass selbst die Schulbücher für die Kinder nicht angeschafft werden können.

Baumwollernte in Kamerum

Nein, es hat mit Globalisierung zu tun, wenn die Bauern immer ärmer werden und für ihre harte Arbeit auf den Baumwollfeldern nicht mehr belohnt werden. Die malische Baumwolle, von Hand gepflückt, kann nicht mehr verkauft werden, die Weltmarktpreise sind im Laufe der letzten Jahre immer niedriger geworden.

Einer der Hauptgründe: Die amerikanische Regierung subventioniert jeden Baumwollfarmer im Süden der USA mit mindestens 100 000 Dollar im Jahr. Sie brauchen sich im Gegensatz zu ihren malischen Kollegen nicht zu verschulden für Saatgut, Dünger und Pestizide, die sie reichlich auf den Feldern ausbringen. Außerdem ist die mit Gentechnik behandelte Baumwolle, die in den USA angebaut wird, sehr viel ertragreicher.

Der Flügelschlag des Schmetterlings in Texas und Virginia führt in Mali und anderen Ländern zum Sturm der Existenzangst.

„Wir lehnen eine Welt ab, auf der die Bauern nicht von den Früchten ihrer Arbeit leben können" stand auf einem Transparent in Sikasso, wo im Sommer 2007, während sich die reichen Industrieländer der Welt zum G8-Gipfel in Heiligendamm, Deutschland, trafen, Afrikas Gegengipfel der Armen stattfand.

Kaffee und Kakao

Kaffeetrinker werden es wissen: Der Preis für ein Pfund ihres liebsten Genussmittels war in den letzten Jahren großen Schwankungen ausgesetzt. Auch waren immer wieder Klagen zu hören über schlechte Qualität der Bohnen. Das hängt mit dem weltweiten Handel des Produkts zusammen. Es geht um gewaltige Wirtschaftskreisläufe, bei denen insbesondere viele Vermittler, Zwischenhändler, Transportunternehmen, Importeure, Röster und Veredler Millionen verdienen. Es geht vor

Frauen in einer äthiopischen Kaffeefabrik

allem um die Kontrolle des Kaffeeanbaus in den mittel- und lateinamerikanischen Ländern, um die Festsetzung der Preise und Quoten: Wer darf wie viel anbauen, um die Preise stabil zu halten? Bei dieser Strategie, ausgehandelt von den multinationalen Konzernen in Verbindung mit der Weltbank*, blieben in den letzten Jahren die vielen kleinen Produzenten in Mittelamerika und Afrika auf der Strecke und damit auch, wie die Kenner sagen, die Spitzenqualität des Kaffees. Die riesigen Plantagen in Brasilien, Kolumbien und Vietnam liefern heute zwei Drittel der gesamten Weltproduktion. Mit ihren Preisen, diktiert von den multinationalen Großkonzernen, können die kleineren Produzenten nicht mithalten.

Dieser Globalisierungseffekt zeigt sich bei zahlreichen landwirtschaftlichen Produkten. Wenn wir heute eine Tafel Schokolade aus der Verpackung holen und genüsslich ein Stück essen, haben wir keine Vorstellung davon, wie winzig die Summe ist, die der Pflanzer an der westafrikanischen Elfenbeinküste für seine Kakaobohnen bekommt. Große amerikanische und europäische Gesellschaften und die Börsen in London und New York bestimmen den Kakaokurs. Im Falle der Elfenbeinküste, für die Kakao die Haupteinnahmequelle ist und Millionen Bauern und ihre Familien davon abhängig sind, wird alles noch erschwert durch Staatsstreiche und gewaltsame Auseinandersetzungen unter den verschiedenen Bevölkerungsgruppen. Noch funktioniert die Kakaoproduktion (immer noch fast die Hälfte der Weltproduktion), die einst einer großen Schicht im Lande einen gewissen Reichtum brachte. Allerdings befürchten die Experten einen totalen Zusammenbruch. Hier wäre die Globalisierung nicht der alleinige Schuldige, sondern auch das Chaos im Lande mit Krieg, Korruption, Unterschlagung und Inkompetenz der Herrschenden und der Rebellen.

18 Millionen auf der Flucht

Am Beispiel Afrika zeigen alle Publizisten, die über Globalisierung schreiben, welche negativen Auswirkungen dieser Prozess haben kann. Afrika ist der größte Verlierer der Globalisierung, da die Großen und Möchtegerngroßen der Welt vielfach ohne Rücksicht auf die Menschen, auf Menschenrechte, ohne ein Mindestmaß an Rücksichtnahme investieren und ihren Gewinn machen wollen. Oder es wird falsch oder gar nicht investiert, weil es heißt, das lohnt sich in diesen kaputten Ländern nicht. Politische Unruhen, Korruption und Bürgerkriege, von denen viele afrikanische Länder geschüttelt werden, schrecken Konzerne ab. Sie investieren in diesen Ländern nicht auf Dauer, da es keine Staatsmacht als verlässlichen Partner gibt. Man kann die Liste von Afrikas Problemen noch lange fortführen. Von europäischer Müllmafia müsste noch berichtet werden, die den Dreck und das Gift aus den Industriestaaten auf afrikanischen Deponien entsorgt, sich dabei an keine Regeln hält und Unsummen verdient, auch wenn der Sondermüll um den halben Erdball verschifft werden muss und afrikanische Regierungsbeamte mit Millionen geschmiert werden müssen. Manche Länder Schwarzafrikas haben reiche Ölvorkommen

Hunger in Äthiopien

(zum Beispiel Nigeria) und große Vorräte an anderen Rohstoffen, ihre Bevölkerung hingegen ist bitter arm. Warum? Die Ölmillionen verschwinden in dunklen Kanälen und auf den Privatkonten korrupter Politiker.

Ein Dauerproblem Afrikas sind Krankheiten wie Aids und Malaria, mit denen das marode Gesundheitssystem in den meisten Ländern des Kontinents nicht mehr fertig wird.

Nach einem Bericht der UN-Welternährungsorganisation (Food and Agriculture Organization, abgekürzt FAO) haben die Hungersnöte in der Welt stark zugenommen. Davon sind vor allem die Länder Afrikas betroffen. Die wichtigsten Grundnahrungsmittel fehlen und vor allem auch sauberes Trinkwasser. Neben den Naturkatastrophen wie Dürre oder Heuschreckenschwärme sei dafür, so analysiert die Pariser Zeitschrift „Le Monde diplomatique" in ihrem 2006 erschienenen „Atlas der Globalisierung", vor allem auch die globale Wirtschaft mitverantwortlich.

Die Menschen wollen weg aus Afrika, dem Kontinent der Globalisierungsverlierer. Sie sehen keine Zukunft mehr und wir sehen auf unseren Bildschirmen in den Abendnachrichten die gestrandeten Boote in Spanien, Italien, Malta, die Menschen – wenn sie großes Glück hatten auf ihrer manchmal Jahre dau-

ernden Reise quer durch den Kontinent und über das Meer –, die völlig erschöpft von den Ortspolizisten in Andalusien oder Sizilien in karge Unterkünfte gebracht werden. Bald danach werden sie allerdings wieder abgeschoben werden, ohne dass die Kameras dabei wären.
18 Millionen Afrikaner sind nach Schätzungen von Klaus Töpfer, dem Leiter des UN-Umweltprogramms mit Sitz in Nairobi, seit Jahren auf der Flucht, entweder von einem Land zum anderen über gefährliche innerafrikanische Grenzen hinweg, Richtung Süden, wo sie in einem der riesigen Gettos Südafrikas landen, oder Richtung Norden, ohne zu ahnen, wie streng sich die „Festung Europa"* inzwischen abgeschottet hat.

Illegale Immigranten auf Teneriffa

Gleichheit, Ungleichheit

Von Superreichen bis zu den „kaputten Staaten"

„HDI"

Hinter diesem nüchternen Kürzel verbirgt sich der von der UNO ermittelte „Index der menschlichen Entwicklung" (Human Development Index). Damit wird der Entwicklungsstand eines Landes ermittelt, indem drei Faktoren untersucht werden: Lebenserwartung der Menschen, Bildungsniveau und das Pro-Kopf-Einkommen. Danach zeigte sich, dass zum Beispiel zwischen 1990 und 2000, als die Globalisierung „mit dem Turbo

gezündet wurde", dieser HDI in 21 Entwicklungsländern gesunken ist. Zahlreiche Untersuchungen ergaben, dass die Ungleichheit zwischen den Ländern, die Kluft zwischen den Armen und Reichen zunimmt.

Reich und Arm

Manche werden durch die Globalisierung reich, Unternehmer zum Beispiel mit den richtigen Ideen zur richtigen Zeit, wie die Märkte der Welt mit welchen Produkten zu erobern sind. Auch Finanzinvestoren, die ihr Geld an den richtigen Stellen in der Welt anlegen, können sehr schnell ein riesiges Kapital anhäufen. Es heißt, dass die 225 größten Privatvermögen der Welt zusammen auf 1000 Milliarden Dollar kommen. Diese unvorstellbare Summe entspricht den gesamten Jahreseinkünften der 2,5 Milliarden ärmsten Menschen des Planeten, das sind rund 40 Prozent der Weltbevölkerung. Die 900 Millionen Menschen, die in der westlichen Welt leben, haben 86 Prozent Anteil am globalen Konsum, am weltweiten Energieverbrauch einen Anteil von 58 Prozent und besitzen 74 Prozent aller Telefonleitungen. Die 1,2 Milliarden ärmsten Menschen der Welt dagegen müssen mit 1,3 Prozent des globalen Konsums auskommen, sind nur mit 4 Prozent am weltweiten Energieverbrauch beteiligt und haben gerade mal 1,5 Prozent der gesamten Telefonleitungen auf der Welt zur Verfügung.

Die westlichen Länder haben im Großen und Ganzen stark profitiert von der weltweiten Vernetzung und den Möglichkeiten

des uneingeschränkten Handelns und Zusammenarbeitens mit anderen Staaten. Sie nutzen alle Möglichkeiten der Globalisierung effektiv für sich aus. Natürlich bringt die Globalisierung auch für uns unangenehme Seiten, wie zum Beispiel die Arbeitslosigkeit durch Firmenverlagerungen, doch wir jammern auf hohem Niveau. In den westlichen Staaten muss kaum jemand ernstlich Hunger leiden; Zustände wie in Afrika oder Asien gibt es bei uns nicht.

Eigentlich ist es doch einfach, könnte man meinen: Die armen Länder haben schlicht zu wenig Globalisierung, sie haben nicht genug Anteil an ihren Vorteilen. Wenn sich das ändert, werden die Lebensbedingungen dort besser. Natürlich ist richtig, dass wer sich aus dem nicht mehr umkehrbaren Prozess der Globalisierung heraushält, keine guten Zukunftsaussichten hat.

Die Frage allerdings ist, ob es alleine schon reicht, dass ein Staat sich in den Prozess der Globalisierung einreiht, dass er sozusagen dem Handel und Wandel mit aller Welt freie Bahn lässt und schon wird es aufwärtsgehen? Jede staatliche Kontrolle, jede Regel wird abgeschafft und die Ungleichheit und die Ungerechtigkeit hat ein Ende, denn der globale Handel wird es richten. Dass dies nicht so sein kann, sieht man am Beispiel Afrika – Versuche sind schließlich gemacht worden, jedoch ohne Erfolg.

Aber warum reicht es nicht aus, wenn ein Land einfach „globalisiert“, um zu wirtschaftlichem Wachstum zu gelangen? Warum ist die Globalisierung für manche ein Segen und hat für andere bisher nichts oder nur wenig gebracht?

„Failed States“

Kranke, schwache, zerfallende Staaten – dafür wurde in den Neunzigerjahren der Begriff „failed states“ geprägt. Häufig handelt es sich dabei um Länder, die stark unter dem Kolonialismus* gelitten hatten und damals ausgeplündert wurden. Nach dem Ende der Kolonialherrschaft versanken besonders viele Länder Afrikas in ein ewiges Chaos von Kriegen mit den Nachbarn sowie im eigenen Land zwischen verschiedenen Volksgruppen. Für Diktatoren, korrupte und verbrecherische Gruppen war es leicht, sich mit Waffengewalt an die Spitze dieser Staaten zu setzen und sie auszuplündern. Straßen, Eisenbahnen und Häfen wurden nicht gebaut bzw. verrotteten, Fabriken zerfielen, die Menschen hatten oft keine Grundlage mehr zum Leben.

Mobutu Sese Seko, der Zaire über 30 Jahre regierte, war sehr korrupt und wirtschaftete das Land an den Rand des Abgrunds.

Wollte man ein Bild für die Situation gebrauchen: Den starken Baum haut ein Sturm nicht so leicht um. Er kann sich anpassen, indem er kräftige Wurzeln ausbildet. Er wird überleben, er wird wachsen und gedeihen. Übersetzt heißt das: Der starke demokratische Staat wird auch mit negativen Seiten des Prozesses der Globalisierung fertig.

Den schwachen, kränkelnden Baum hingegen, also den kaputten Staat, erwischt es. Der Globalisierungs-Tsunami trifft ihn mit voller Kraft, der Taifun fegt über ihn hinweg und die ohnehin nicht starken Wurzeln reißen aus. Der Staat zerfällt, wenige haben sich bereichert, die Masse der Menschen ist ärmer als zuvor.

Auf vielen Konferenzen wurde und wird darüber nachgedacht, wie gerade Afrika zu helfen ist. Das Ergebnis ist, auf einen einfachen Nenner gebracht: Es geht nicht um zu viel oder zu wenig Globalisierung, sondern vor allem um Hilfe für die „gebeutelten“ Staaten, damit sie sich vor allem gegen die negativen Tendenzen der Globalisierung schützen können, gegen Ausplünderung und Geschäftemacherei mithilfe verbrecherischer Regierungen. Dabei sind die Failed States auf uns angewiesen – darauf, dass ihnen faire Handelsbedingungen eingeräumt werden, dass die westlichen Nationen langfristig und nicht ausschließlich mit Blick auf Gewinn investieren, dass die Weltöffentlichkeit nicht die Augen vor Problemen verschließt. Umdenken ist nötig – wir alle müssen uns darüber klar werden, dass es Gewinn auf Kosten der Menschenrechte in einer fairen Welt nicht geben darf. Nur mit Unterstützung werden es die Failed States schaffen, erfolgreich in den Prozess der Globalisierung einzusteigen und seine positiven Seiten zu nutzen. Ansonsten werden sie weiterhin die Verlierer sein, die am Wegrand zurückbleiben, während der Globalisierungszug vorbeibraust.

Job oder Ausbeutung, das ist die Frage

Von Hemdennäherinnen und Kinderarbeit

Sklaven?

Esther, 18, und Maria, 20, leben in einem mittelamerikanischen Land. Tag für Tag sitzen sie an einem langen Tisch vor Nähmaschinen. Die große Halle ist erfüllt vom Surren Hunderter Maschinen, überall haben die Arbeiterinnen ihren Kopf über die Hemden gebeugt, die sie hier für eine große westliche Firma zusammennähen (man findet ihre Filialen in jeder deutschen Stadt). „Ich schaffe meine Vorgaben nicht." Esther stöhnt leise. Sie hat Kopfschmerzen – die Luft in der großen Halle ist drückend heiß und stickig. Sie steht unter massivem Druck, muss sauber, aber gleichzeitig sehr schnell arbeiten, um das vorgeschriebene Pensum zu schaffen. Die Bedingungen sind entsetzlich: erzwungene Überstunden, hohe Arbeitsvorgaben, wenn, zum Beispiel vor Weihnachten, in den reichen Ländern der Bedarf an Geschenken wächst; sexuelle Belästigung, Beschimpfungen, nur zweimal am Tag auf die Toilette und weitere unwürdige Methoden, mit denen man die Leute schikaniert. Doch beschweren hat keinen Sinn; erst heute Morgen hat die Vorarbeiterin ihnen gepredigt: „Es gibt genügend junge schnelle Hände, die sofort an eure Stelle treten können, wenn ihr faulenzt!" Jetzt patrouilliert sie durch die Reihen; sie sieht es nicht gerne, wenn die Frauen miteinander reden.

„Du musst es schaffen, denk an deine Familie!", flüstert Maria. Der Stoff gleitet blitzschnell durch ihre Finger. Sie muss kaum hinsehen, so sehr ist ihr die Arbeit in Fleisch und Blut übergegangen. „Und an die Schule! Ein Jahr, dann hast du genug Geld, um auf die Schule in der Hauptstadt zu gehen."

„Bei 110 Dollar im Monat?" Esther schnaubt verärgert. „Das reicht ja nicht einmal, um meinem malariakranken Vater und Bruder zu helfen."

„Wäre es dir lieber, keine Arbeit zu haben?", fragt Maria. „Besser 110 Dollar im Monat als gar nichts. Hör auf mit dem Gejammere!"

„Trotzdem sind wir nichts anderes als die Sklaven der reichen Länder."

Maria zuckt die Achseln. „Jeder muss für irgendwen arbeiten und Geld verdienen."

„Aber sie beuten uns aus!"

„Achtung!" Maria legt warnend den Finger auf den Mund; die Aufseherin ist in der Nähe ihres Tisches erschienen. Esther beugt sich tief über ihre Nähmaschine.

„Maquiladora“
ist der Name einer Industrie, die hauptsächlich Textilien und Schuhe im Auftrag von Weltmarktfirmen billig produziert. Mitte der Siebzigerjahre entstanden in den Ländern Mittelamerikas sogenannte **„freie Produktionszonen“**, in denen Filialen von großen Firmen aufgebaut wurden, die vor allem für die internationale Bekleidungsindustrie tätig sind. El Salvador, die Heimat von Maria und Esther, hat zum Beispiel solche Zonen. Das Wort „frei“ bedeutet hier nichts anderes, als dass Maquiladora-Betriebe anderen Gesetzen und Regeln (vor allem günstigere Steuern, Zölle, Billiglöhne) unterworfen sind, als sie im übrigen Teil des Staates herrschen und erst recht in dem Land, wo die Firmen ihren Stammsitz haben. In Mexiko ist die Maquiladora-Industrie ein bedeutender Wirtschaftszweig. Negative Schlagzeilen machten dabei immer wieder Regionen an der Grenze zur USA, wie die Stadt Ciudad Juárez, wo katastrophale soziale und Umweltbedingungen herrschen und wo es in den letzten Jahren zahllose Frauenmorde gab.

Wohltat oder Ausbeutung?

Nutzt Esther und Maria die Globalisierung oder schadet sie ihnen? Arbeit oder keine Arbeit – was ist besser? Soll die Familie hungern oder können sie mit den 110 Dollar, die sie im Monat verdienen, wenigstens das Überleben sichern? Zum Sterben zu viel und zum Leben zu wenig? Was würden die bei-

Textilfabrik in Kambodscha

den tun, wenn sie ihre Stelle in der Näherei nicht hätten? Würden sie hungern? Vielleicht stehlen oder versuchen, als Prostituierte Geld zu verdienen, um zu überleben?
Menschen wie Esther und Maria gibt es unzählige in den Entwicklungs- und Schwellenländern. In Mexiko, Thailand, Korea und vielen anderen Ländern schuften Menschen für winzigste Löhne unter oft unwürdigen Bedingungen; Urlaub, Kranken- und Arbeitslosenversicherung sind Fremdwörter für sie. Die Produkte ihrer Arbeit verkaufen die westlichen Firmen mit großem Gewinn.
Nutzen Konzerne der Textil- und Sportartikelindustrie die Menschen, die für sie in Entwicklungs- oder Schwellenländern arbeiten, schamlos aus? Diese Frage kann man ziemlich eindeutig mit Ja beantworten. Andererseits argumentieren Befür-

worter der Globalisierung immer wieder, dass in einheimischen Betrieben in Asien und Lateinamerika die Arbeitsbedingungen oft noch entsetzlicher sind als in den Filialen europäischer Firmen. Europäische Großkonzerne bekommen häufig Waren von Zulieferern vor Ort. Über die Arbeitsbedingungen dieser einheimischen Firmen haben sie keine Kontrolle.

Das ist keine Entschuldigung, sagen wiederum viele Globalisierungsgegner. Dass es anderswo gleich schlecht oder noch schlechter ist, ist noch kein Grund, sich bei den Ausbeutern einzureihen. Die Multis seien verpflichtet, die Arbeitsbedingun-

So manches Mädchen muss als Prostituierte ihr Geld verdienen, wie diese jungen Thailänderinnen in Bangkok.

gen in Zulieferbetrieben zu überprüfen und jenen, in denen die Verhältnisse inakzeptabel sind, die Zusammenarbeit aufzukündigen. Doch was passiert dann wiederum mit den Arbeitern dort, die dann vielleicht entlassen werden?

Auf diese Probleme gibt es keine einfachen Antworten. Immerhin sind aber die Bedingungen, unter denen die Arbeiter und Arbeiterinnen in vielen Schwellenländern für ausländische Firmen arbeiten müssen, inzwischen in vielen Publikationen öffentlich gemacht worden. Es gibt Selbstverpflichtungen der Industrie, auf menschenwürdige Arbeitsbedingungen zu achten. Ein Denkprozess hat sich in Gang gesetzt. Vielleicht wäre es an-

1,3 Milliarden für die Werbung

„An einem Nike-T-Shirt beträgt der Lohnanteil gerade mal ein Promille. Auch bei Adidas, das in El Salvador ... produzieren lässt, wird die ungerechte Verteilung sichtbar. Während Adidas für eine Arbeiterin im Jahre 1998 gerade mal 2640 DM gezahlt hat, gab man allein für Werbung 1,3 Milliarden DM aus. Dieses ist etwa so viel, wie 49 242 Arbeiterinnen in einem Zulieferbetrieb für Adidas in einem Jahr verdienen."

Dorit Siemers in: Maquiladoras – Moderne Sklaverei für unseren Konsumwahn, Bericht einer Delegationsreise nach El Salvador, *Zeitschrift „graswurzelrevolution"* 4/2001 gebracht, an anderen Stellen weniger Geld auszugeben und dafür die Arbeiter einigermaßen angemessen zu entlohnen?

Kindheit zwischen Teppichen

Die enorme Nachfrage nach Teppichen im Westen, besonders in Deutschland, hat seit einigen Jahren zu großem Anstieg in der indischen und nepalesischen Knüpfindustrie geführt. Die Exporteure kamen kaum noch nach mit den Lieferungen, die Familienbetriebe wurden schlecht bezahlt, hatten zu wenig Arbeitskräfte und mussten die billigsten einsetzen: Kinder. Eines von ihnen ist die 14-jährige Mainya, über die UNICEF, die Kinderorganisation der UNO, berichtete. Das Mädchen arbeitet seit Jahren als Knüpferin an einem Webstuhl in Nepals

Teppichherstellung im Iran

Hauptstadt Katmandu. Ihre Schicht dauert 16 Stunden am Tag. Sie konnte nie eine Schule besuchen, kann nicht lesen und schreiben. Viele Arbeiterinnen in der Teppichweberei sind noch jünger als Mainya. Einige werden krank vom Wollstaub. Sie dürfen nicht nach draußen zum Spielen und manchmal müssen sie die ganze Nacht durcharbeiten, weil der Händler drängt. Am Morgen geht es dann mit dem nächsten Teppich weiter. Mainya bekommt keinen Lohn für die harte Arbeit. Man hat ihr erklärt, dass sie arbeiten muss, um Schulden zurückzubezahlen. Sie weiß aber nicht, was das für Schulden sein sollen. Zu essen gibt es Reis und Linsen, sie schläft mit drei anderen Mädchen in einem winzigen Raum.
Zehntausende Kinder arbeiten in Nepal wie Mainya in der Teppichindustrie. Armut und Überbevölkerung haben die Kinder aus ihren Familien gerissen. Viele von ihnen wurden von Agenten der Handelsunternehmen mit falschen Versprechungen von gutem Leben und regelmäßigem Einkommen in die Städte

gelockt. Die Eltern waren verzweifelt, hatten keine andere Wahl. Die Geschichte von Mainya wurde von „Child Workers in Nepal" öffentlich gemacht. Diese Organisation setzt sich gemeinsam mit UNICEF gegen die Kinderarbeit ein.

Nach Schätzungen der UNO verrichten über 250 Millionen Kinder in vielen armen Ländern in Asien, Südamerika, Afrika und in Ländern Osteuropas jeden Tag schwere Arbeit als Billigstarbeitskräfte. Es herrschen dort oft Zustände wie im europäischen Mittelalter, als Kinder zusammen mit ihren Eltern im Dienste der Feudalherren auf den Feldern Schwerstarbeit leisten mussten. Heute ist auch bekannt, dass viele Kinder in den Großstädten Südostasiens in Bordellen an Kunden verkauft werden oder von kriminellen Banden gezwungen werden, ohne Lohn zu arbeiten, um Schulden ihrer Eltern abzuarbeiten. Die Internationale Arbeitsorganisation (ILO) der UNO hat die Bekämpfung der Kinderarbeit zu einem ihrer wichtigsten Ziele gemacht. In Deutschland wie auch in allen anderen Staaten der EU ist es grundsätzlich verboten, dass Kinder unter 15 Jahren arbeiten. Bestimmte Ausnahmen sind im Jugendschutzgesetz geregelt, zum Beispiel, wenn Kinder in Filmen oder beim Theater mitspielen.

Kinderarbeit in Birma

Fußbälle

Über die Schicksale Tausender Kinder in Nepal und Indien wurde berichtet, auch von der „Welthauptstadt des Fußballs", dem pakistanischen Sialkot. Dort trainieren die Kinder allerdings nicht, denn da gibt es noch nicht mal einen Fußballverein oder gar Spiele in irgendeiner Liga. In der 300 000 Einwohner zählenden Stadt, an der östlichen Grenze zu Indien gelegen, werden jeden Tag mehr Bälle hergestellt als in jedem anderen Ort der Welt. Die meisten Fußballnäher sind Kinder im Alter zwischen zehn und zwölf Jahren.
Ob der kickende Nachwuchs in den großen europäischen Vereinen weiß, dass ihre Altersgenossen in Sialkot und den zahlreichen Dörfern ringsum, die ausschließlich vom Geschäft mit

Fußballproduktion in Sialkot

dem Fußball leben, vielleicht zwei oder drei Bälle am Tag schaffen? Dafür müssen die Kinder neun Stunden sitzen, denn es ist eine ziemlich komplizierte Prozedur, die einzelnen Kunstleder-Elemente zusammenzunähen. Ungefähr einen Euro und dreißig Cent gibt es dafür am Tag, also pro Ball, wenn es denn drei sind, 45 Cent (bei uns im Laden kosten sie zwischen 25 und 90 Euro).

Von den Obst-, Gemüse- und Blumenfeldern in Mexiko können ebenfalls viele Geschichten zum Thema Kinderarbeit in aller Welt erzählt werden. Von dort werden Tag für Tag riesige Warenmengen in die USA und nach Europa geschafft. Kinder zwischen sechs und vierzehn Jahren stellen ein Drittel der Plantagenarbeiter. Sie ziehen mit ihren Familien als Wanderarbeiter umher und sehen nie im Leben eine Schule.

Neben der UNICEF hat sich eine Reihe weiterer Organisationen dem Kampf gegen die Kinderarbeit verschrieben. Auch vonseiten der Industrie gibt es Verpflichtungserklärungen, keinesfalls Waren in den Handel zu bringen, die mit der Arbeit und damit Ausbeutung von Kindern produziert wurden. Solche Abkommen sind wichtig, um die Kinder zu schützen. Gleichzeitig muss aber den Betroffenen auch auf andere Weise geholfen werden – sonst hungern die Kinder, die nicht mehr als Arbeiter beschäftigt werden und so auch kein Geld mehr verdienen. Nur Kinderarbeit zu verbieten genügt nicht, sonst enden die Kinder, denen man helfen wollte, womöglich auf der Straße, wo sie kriminell werden oder verhungern, oder sie landen in Bordellen.

Wer macht die Regeln?

Organisationen, die im Prozess der Globalisierung eine wichtige Rolle spielen

Wer sorgt dafür, dass der weltweite Handel funktioniert? Wer bestimmt, dass Zölle und andere Handelsbeschränkungen abgebaut werden, damit alle die gleichen Chancen haben? Wer sind die Mächte, die hinter dem Prozess der Globalisierung stehen und die Fäden ziehen? Sind es Politiker und Regierungen? Sind es die Chefs mächtiger Konzerne, die anonym in den obersten Stockwerken ihrer Verwaltungshochhäuser sitzen und das wirtschaftliche Weltgeschehen lenken? Sind es Organisationen, die in ihrem Auftrag die Geschicke der Staaten und Menschen steuern?

Organisationen

Eine Folge der zunehmenden Globalisierung ist, dass die Staaten und ihre Regierungen immer mehr Verträge in Wirtschaft, Handel, Wissenschaft, Forschung, Kultur und in anderen Bereichen abschließen. Diese Abkommen werden entweder zwischen zwei Staaten („bilateral"), zwischen mehreren Staaten („multilateral") oder von Bündnissen und internationalen Organisationen abgeschlossen, zu denen sich Länder mit ähnlichen Interessen zusammengeschlossen haben. Als Beispiel sei hier die Europäische Union oder die ASEAN (Association of Southest Asian Nations) genannt. Die EU vertritt die Interessen europäischer Länder, die ASEAN ist ein südostasiatischer Staatenbund, der sich um die wirtschaftlichen, sozialen und kulturellen Interessen der Länder dieser Region kümmert. Alle diese Länder gehören einer weltweiten Organisation mit derzeit 151 Mitgliedsstaaten, der Welthandelsorganisation (WTO)* an. Sie wurde 1994 als zentrale Institution (Einrichtung) gegründet, um die Bedingungen des Welthandels festzulegen und diejenigen zu bestrafen, welche die Regeln missachten. Jedes Land hat in der Organisation die gleiche Stimme, um zu gewährleisten, dass es fair und gerecht zugeht im Welthandel. Das heißt Abbau von hinderlichen Zöllen im gegenseitigen Warenverkehr zwischen Ländern und Kontinenten. Güter und Dienstleistungen* sollten allen Staaten zu gleichen Bedingungen zugänglich sein.
Warum gibt es dennoch häufig Kritik an der WTO? So meint etwa Jean Ziegler in seinem Buch „Die neuen Herrscher der

Welt und ihre globalen Widersacher“, die Welt werde nicht mehr von Staaten und ihren Regierungen beherrscht, sondern von den weltweiten, die Globalisierung steuernden Organisationen. Und darin hätten die großen, international handelnden Konzerne und ihre Bosse das Sagen. Bei denen habe sich alles dem Geldverdienen unterzuordnen. Und daher machten sie sich ihre Regeln selbst oder ließen sie zum Beispiel von der Welthandelsbehörde machen.
Ergänzend zu dieser Kritik muss allerdings angemerkt werden, dass in der Welthandelsorganisation jedes Land ein Einspruchsrecht hat. Jeder Streit, sei es um den Abbau von Handelsbarrieren oder um Subventionen*, muss im Einvernehmen

beigelegt werden. Gelingt dies nicht, entscheidet ein Schiedsgericht. Die reichen Industrieländer können sich aber im Gegensatz zu armen Entwicklungsländern die besten Juristen und Experten leisten, die in ihrem Sinne die Verhandlungsrunden der WTO beeinflussen können.

Liberalismus – Neoliberalismus

Diese Begriffe werden ständig im Zusammenhang mit Globalisierung gebraucht. Was versteht man darunter? Vereinfacht gesagt: freie Hand dem freien Wettbewerb nach der Devise „Der Markt, also Angebot und Nachfrage, wird alles regeln“. Der Staat greift nicht regulierend ein, schützt etwa die Schwächeren und sorgt dafür, dass die Starken, sprich diejenigen, die das Geld haben, nicht schrankenlos alles tun dürfen, um ihr Kapital zu vermehren. In der sozialen Marktwirtschaft, wie das System in Deutschland genannt wird, hat der Staat diese Ordnungsfunktion. Er kontrolliert zwar nicht alles, aber er greift ein, wo es nötig wird. Der Neoliberalismus – so wird der Liberalismus zunehmend in der Sprache der Globalisierung genannt – will dem Staat diese steuernde Macht aus der Hand nehmen und sie alleine dem Kapital über-

geben. Nicht umsonst macht das Wort vom „Raubtierkapitalismus“ in diesem Zusammenhang die Runde. Im Vordergrund steht der Gewinn, nicht das Wohl der Menschen.

Neben der WTO ist die Weltbank* eine wichtige Einrichtung. Sie vergibt Kredite für Großprojekte und Entwicklungsprogramme. Der Internationale Währungsfonds (IWF*) ist der Wächter der Währungspolitik der Länder, die OECD* ist für wirtschaftliche Zusammenarbeit zwischen den Industriestaaten und Unterstützung der Entwicklungsländer zuständig.
Darüber hinaus gibt es weitere globale Organisationen, die im Prozess der Globalisierung entscheidende Rollen spielen. Einige davon sind: die Vereinten Nationen (UNO)*, die Internationale Arbeitsorganisation ILO*, die Welternährungsorganisation FAO* sowie das Umweltprogramm der Vereinten Nationen UNEP*.

Freier Handel?

Seit Jahren finden in der WTO wie auch in anderen Organisationen, die sich zum Beispiel in Asien oder Südamerika regional gebildet haben, zahlreiche Verhandlungen über Freihandel und globale Handelsabkommen statt.
Diese Konferenzen kann man sich als eine Art Marktplatz vorstellen, auf dem von den WTO-Mitgliedsstaaten viele unterschiedliche Stimmen zu hören sind, die ihre jeweiligen Interessen vertreten. Forderungen werden gestellt, Wünsche vor-

getragen und wie bei vielen anderen Verhandlungen setzt sich meist der Stärkere durch. So werfen die ärmeren Länder seit Langem den reichen Industrieländern vor, die Welthandelsorganisation für die eigenen Zwecke zu missbrauchen, den Ausbau des freien und fairen Handels zu verhindern oder zumindest zu verzögern, um ihre eigenen starken Volkswirtschaften zu schützen.

Für ärmere Länder, z. B. in Afrika, ist es eine Frage des Überlebens, dass sie ihre landwirtschaftlichen Produkte in Länder weiter nördlich des Globus verkaufen können, ohne dass diese dort mit viel zu hohen Zöllen belegt werden und dadurch zu teuer und unverkäuflich werden. Doch die reichen Länder blockieren seit Jahren entsprechende Abkommen, um ihre eigenen Wirtschaften nicht der Konkurrenz auszusetzen. Die WTO-Staaten sind zerstritten, die Starken können sich nicht oder zu wenig zu Zugeständnissen gegenüber den ärmeren Ländern durchringen – wenn Gewinne gefährdet sind, sind alle schönen Worte über Hilfe für die armen Länder schnell vergessen. Die Gefahr besteht, dass aus dem ursprünglichen Ziel, den Welthandel frei und fair zu gestalten, nichts wird und die WTO als große weltweite Organisation keinen Einfluss mehr hat.

Die ursprünglich angestrebte Liberalisierung des Handels und der Märkte ist aber notwendig, ansonsten

Arbeiter in einer Diamantenmine in Sierra Leone

wird es den Schwachen weiterhin schlecht gehen. Das ist ein Hauptargument der Vertreter des freien internationalen Handels. Auch wenn es noch viel Negatives gebe – ohne den Handel zwischen den Ländern gehe es nun mal nicht und keiner könne sich heutzutage mehr von der übrigen Welt abschotten. Erste Erfolge gebe es ja auch. Dabei wird auf den neuesten Wirtschaftsbericht der Weltbank verwiesen, wonach für die Entwicklungsländer im Jahre 2008 ein Wachstum von 7,1 Prozent vorhergesagt wird, für Nord- und Mittelafrika 5,4 Prozent, für Länder südlich der Sahara (ausgenommen Südafrika) 6,4 Prozent. Allerdings hat dieser Anstieg vorwiegend mit den enorm gestiegenen Rohstoffpreisen in der Welt zu tun, und dass der Gewinn oft in schwarzen Löchern, sprich in den Taschen korrupter Regierungen, versickert und nicht zur allgemeinen Steigerung des Lebensstandards der Bevölkerung beiträgt, bleibt in dem Bericht unerwähnt. Einmal mehr zeigt sich: Nur die Handelsgrenzen öffnen genügt nicht. Die Entwicklungsländer brauchen weiterhin Hilfe, um sich politisch und wirtschaftlich zu stabilisieren und flächendeckend für mehr Wohlstand sorgen zu können.

Schutz der eigenen Interessen

Was mitunter in Amerika, in Europa und anderen aufstrebenden Industriestaaten, etwa in China, passiert, nennt die Wirtschaftssprache „Protektionismus“*: Man schützt die eigenen Interessen, besser gesagt die der eigenen multinationalen Konzerne, die Steuern und damit Reichtum ins Land bringen. Nicht daran entzündet sich die Kritik, sondern daran, dass dies auf Kosten anderer geschieht, eben zum Beispiel durch hohe Zölle für Produkte aus Entwicklungsländern, die damit benachteiligt werden. Wirtschaftswissenschaftler weisen auf die zurzeit bestehende große Gefahr hin, dass der Protektionismus in den reichen Ländern wieder ausbricht. Das habe mit freiem und fairem Handel nichts zu tun. Im Privatleben spricht man von Eigennutz oder Egoismus, wenn man nur die eigenen Interessen im Sinne hat und ohne Rücksicht auf andere vorgeht.
Noch vor wenigen Jahren, während der Präsidentschaft Bill Clintons und in den ersten Jahren seines Nachfolgers George W. Bush in den USA, war man allgemein der Meinung, dass der Freihandel – und Clinton betonte es bei jeder Gelegenheit – Wohlstand und Arbeit für alle schaffe und ganz im Interesse Amerikas liege. Inzwischen hat sich die Meinung der meisten Amerikaner geändert im Hinblick auf das explosionsartige

Wachstum der Wirtschaft und des Exports Chinas, denn viele chinesische Produkte landen in den USA: Nur noch 28 Prozent der amerikanischen Bürger sagen nach einer Umfrage von „Wall Street Journal“ und dem Sender NBC, dass die Globalisierung eine gute Sache sei. Der freie Handel, einst von den USA ganz besonders unterstützt, wird heute kritisch gesehen, nun, da er nicht mehr vor allem den Amerikanern nützt. Waren aus Asien, zum Beispiel Kinderspielzeug, überschwemmen nicht nur den europäischen Markt, sondern sind auch in Unmengen in Amerikas Kaufhäusern zu finden und mehr als einmal gab es Warnungen vor giftigen Chemikalien darin.
Immer mehr Experten in den USA schreiben in den Zeitungen und reden in den elektronischen amerikanischen Medien davon, dass die Globalisierung nicht mehr zum Wohle des Landes sei. Der Demokrat Barack Obama aus Illinois betonte Anfang 2008 bei Wahlkampfveranstaltungen für die Präsidentschaftswahl im November, die Tatsache, dass weltweiter Handel Produkte verbillige, sei für ihn kein entscheidendes Argument mehr: „Die Leute wollen keine billigen T-Shirts, wenn der Preis dafür der Verlust ihres Arbeitsplatzes ist.“ Ein Satz, den in Deutschland viele unterschreiben würden.

Protest und Forderungen

Über die Kritiker der Globalisierung

Genua 21. Juli 2001: Während des G8-Gipfels* im altehrwürdigen „Palazzo Ducale" in der Nähe des Hafens, auf dem die Herrschenden der Welt über die Zukunft der Völker diskutierten, fanden sich auf Straßen und Plätzen der Stadt über 200 000 Menschen ein, die aus der ganzen Welt angereist waren. Auf zahlreichen Kundgebungen, Diskussionen, im Straßentheater, in Konzerten und Ausstellungen unter freiem Himmel wollten sie ihren Protest gegen die ihrer Meinung nach zunehmende einseitige Globalisierung zum Ausdruck bringen. Die überwiegende Mehrzahl von ihnen war friedlich, doch wie so oft hatten sich Randalierer unter die Gruppen und ihre Veranstaltungen gemischt. Die Sicherheitskräfte wurden immer nervöser, Polizei marschierte auf.

Gegen halb sechs, als sich die Demonstranten zur großen Kundgebung versammelten, traf den Literaturstudenten Carlo Giuliani von der Universität Genua eine Kugel aus einem Polizeirevolver in den Kopf. Er starb noch am selben Abend. In der Nacht wurden auf Anordnung des Innenministers mehrere Unterkünfte gestürmt und verwüstet. Zahlreiche Demonstranten wurden festgenommen und schwer misshandelt. Darunter waren auch deutsche Politiker und in Interviews war ihnen, zum Beispiel dem Mitglied des Deutschen Bundestags, Hans-Christian Ströbele (Bündnis 90/Die Grünen), noch deutlich die Erregung und die Empörung über das massive Eingreifen der italienischen Polizei anzumerken.

Heiligendamm Vom 6. bis 8. Juni 2007 trafen sich in Heiligendamm in Mecklenburg-Vorpommern die acht führenden Industrienationen der Welt. Gastgeberland Deutschland hatte dieses Treffen unter das Motto „Wachstum und Verantwortung“ gestellt. Ein Hauptthema war neben dem Klimaschutz die Globalisierung mit der Frage: Wie kann man einen gerechten Welthandel organisieren? Alle Länder der Welt sollen die Chance haben, ihre Produkte ohne Beschränkungen auf dem Weltmarkt zu verkaufen und andere Waren einzukaufen und so ihr wirtschaftliches Wachstum und ihren Wohlstand steigern zu können. Bereits im Vorfeld des stark gesicherten und von der Öffentlichkeit abgeschirmten Gipfels gab es Aktionen von Gegnern der Globalisierung. Tagelang zeigten die Fernsehbilder die Versuche der Demonstranten, in die Nähe des Tagungsortes zu gelangen, um den Mächtigen der Welt ihre Meinung kundtun zu können. Der Gipfel von Heiligendamm verlief wegen der extremen Schutzmaßnahmen weitgehend friedlich.

Demonstranten beim Gipfel von Heiligendamm 2007

Der unbeugsame Gallier

Die Bauern, die am 12. August 1999 mit ihren Traktoren vor der McDonald's-Filiale im südfranzösischen Millau vorfuhren, hatten nicht vor, Hamburger oder Fritten zu essen, sondern ihren speziellen Protest gegen die Handelsregeln der WTO* zum Ausdruck zu bringen. Kurzerhand rammten die Fahrzeuge das Gebäude, deren Fertigbauteile in wenigen Minuten in sich zusammenstürzten. Menschen kamen nicht zu Schaden, darauf hatten die Bauern geachtet. Dennoch erregte die Aktion große Aufmerksamkeit in Frankreich und darüber hinaus. Ihr Anführer, José Bové, Sprecher der französischen Bauerngewerkschaft „Confédération paysanne", wurde sehr populär mit seinen Aktionen gegen die „McDonaldisierung" seines Landes und gegen den „malbouffe" (frei übersetzt „Scheißfraß"). Die Franzosen verglichen Bové wegen seines unbeugsamen Widerstandswillens und auch wegen

José Bové

seines Aussehens mit Asterix, dem Gallier. Sein Buch „Die Welt ist keine Ware. Bauern gegen Agromultis" wurde zu einem Beststeller.

In einem Interview im SPIEGEL (Juni 2001) formulierte Bové seine scharfen Thesen, welche sich so ähnlich in Äußerungen zahlreicher Gegner der Globalisierung finden könnten: „Die Globalisierung zerstört die ‚Dritte Welt'* und bedroht die europäische Zivilisation. Sie bringt heute mehr Menschen um als alle Kriege. Die 800 Millionen Hungernden in der Welt gehen zum großen Teil auf ihr Konto. Die Logik, die Lügen des Neoliberalismus* müssen entlarvt werden. Der Markt muss den Menschen dienen und nicht umgekehrt ..."

Forderungen

Die Analysen und die sich daraus ergebenden Forderungen der Globalisierungsgegner ähneln sich bei allen Protestaktionen.

- Die Welt befindet sich immer stärker im Würgegriff des Kapitals: Der ungebremste Wettbewerb dient nur den Reichen, die armen Länder haben keine Chance; ausschließlich die Macht der großen Unternehmen wird gestärkt, die Entwicklungsländer sind die absoluten Verlierer; die reichen Länder beuten die Rohstoffe der Welt aus, ohne diejenigen, denen sie gehören, daran zu beteiligen wie zum Beispiel die afrikanischen Länder; dies muss sich ändern;

- es wird wegen des alleinigen Ziels der Gewinnmaximierung keinen Schutz der Umwelt mehr geben; für diesen Schutz müssen schärfere Gesetze geschaffen werden;
- die einzelnen Staaten und ihre Regierungen haben bald nichts mehr zu sagen und müssen sich dem Willen der großen Konzerne unterordnen; dem muss entgegengewirkt werden;
- es müssen Regeln her, zum Beispiel höhere Steuern für die internationalen Kapitalströme, die wie Heuschrecken über die Länder herfallen und alles aufkaufen;
- die Unternehmen und Finanzinvestoren müssen stärker zur Verantwortung gezogen werden können, wenn sie sich auf Kosten anderer bereichern;
- die kulturelle Vielfalt in der Welt wird verschwinden.

Einige der Beschlüsse des Gipfels von Heiligendamm, die sich aber mehr oder weniger nur in Absichtserklärungen, nicht in verpflichtenden Verträgen ausdrückten:

- gemeinsames Vorgehen gegen den Klimawandel;
- mehr Wachsamkeit gegenüber der Tätigkeit der Finanzinvestoren;
- mehr Zusammenarbeit mit den „Schwellenländern“ China, Indien, Brasilien, Mexiko und Südafrika;
- schärferes Vorgehen gegen Produkt- und Markenpiraterie;
- Hilfen für Afrika bei der Bekämpfung von Aids, Malaria und Tuberkulose.

Gerecht, fair und sauber

Einer, wenn nicht der größte Zusammenschluss von Globalisierungskritikern ist Attac*. Diese Organisation wurde 1998 in Frankreich gegründet, seit 2001 gibt es Attac in Deutschland mit inzwischen über 20 000 Mitgliedern in zahlreichen regionalen Gruppen. Wie zuletzt während des Gipfels in Heiligendamm oder bei den Treffen von Weltbank, Währungsfonds oder Welthandelsorganisation ist auch Attac in den Protestzügen, Kundgebungen und Diskussionsforen vertreten. Zusammen mit anderen Gruppen demonstrieren sie gegen „Turbo-Kapitalismus", in dessen Folge es zur Ausbeutung in vielen Ländern der Welt kommt. Mittlerweile ist das Netzwerk von Attac in zahlreichen

Globalisierungsgegner demonstrieren.

Ländern aktiv und engagiert sich für eine gerechtere Welt. Dazu gehört auch eine fairere Gestaltung des Welthandels. Die Organisation TransFair, die sich aus über 40 kirchlichen und entwicklungspolitischen Gruppierungen gebildet hat, fördert und unterstützt Produkte aus ärmeren Entwicklungsländern, die nicht mit ausbeuterischen Methoden entstanden sind. Kaffeepflanzern in Mittelamerika, Kakaobauern in Afrika wird von TransFair geholfen, der Kaffee, der Kakao und viele andere Produkte bekommen ein besonderes Gütesiegel. Sie sind zwar teurer als das Erzeugnis des Großkonzerns, doch der Verbraucher in den deutschen Supermärkten weiß: Wenn ich diesen Kaffee kaufe, bin ich sicher, dass der Bauer in Lateinamerika fair behandelt und für seine Arbeit ausreichend belohnt wird. Ähnliche Gütesiegel gibt es auch in der Teppich- oder Textilindustrie: „Rugmark“ bedeutet, der Teppich wurde ohne Kinderarbeit produziert und fair gehandelt; die Kam-

Anbau von Transfair-Tee in Sri Lanka

pagne für saubere Kleidung („Clean Clothes"), in Deutschland ebenfalls von Kirchen und Gewerkschaften unterstützt, setzt sich u.a. für angemessene Löhne, sichere und gesunde Arbeitsbedingungen und Verzicht auf Kinderarbeit in den Ländern ein, aus denen unsere Bekleidung kommt. Solche Organisationen zu unterstützen ist wichtig: Nur wenn diejenigen Betriebe, die Menschen ausbeuten, die Quittung in Form niedriger Gewinne bekommen, werden sie ihr Vorgehen ändern. Weitere bekannte NGOs (Nichtregierungsorganisationen)*, die auf eine „andere Globalisierung setzen", sind zum Beispiel Amnesty International, World Wild Found, Greenpeace, Save the Children, Rotes Kreuz, Oxfam oder Ärzte ohne Grenzen. Die meisten von ihnen sind mehr oder weniger spezialisiert auf bestimmte Arbeitsgebiete wie humanitäre Soforthilfe, Entwicklungspolitik, Menschenrechte, Umwelt und Frieden. Sie haben immer wieder durch ihre Arbeit auf die Verletzung der Menschenrechte in der Welt aufmerksam gemacht oder in Hungergebieten mit Spenden und ganz direkten Aktionen geholfen. Auch versuchten sie, medizinische Hilfe herbeizuschaffen.

Treffen der Elite

Jeden Januar oder Februar treffen sich im noblen Schweizer Wintersportort Davos (2008 zum 38. Mal) die einflussreichsten Staatsoberhäupter, Regierungschefs, zahlreiche weitere Politiker, Wirtschaftsmanager, Wissenschaftler und ausgewählte Medienvertreter zum Weltwirtschaftsforum. Auf dem Pro-

Demonstration gegen das Weltwirtschaftsforum in Davos

gramm dieser Veranstaltungen zum Thema globaler Handel steht vor allem das Nachdenken darüber, wie die Welt verantwortungsvoll zu gestalten ist.
Für die Kritiker ist das nur eine Showveranstaltung der Elite. Sie wiederum versammeln sich seit einigen Jahren (zum ersten Mal 2001 im brasilianischen Porto Allegre) zum Weltsozialforum, gedacht als Gegenveranstaltung zu den Gipfeln der Politiker und Wirtschaftsbosse. Die Teilnehmer reisen aus vielen Ländern von weit her an, sind in Arbeiter- oder Gewerkschaftsorganisationen vereinigt, kommen aus der Frauenbewegung oder aus Berufsvereinigungen wie zum Beispiel Bauernbewegungen oder aus Studentenbewegungen. Stark vertreten sind Umweltgruppen aus allen Teilen der Welt. Tausende von großen und kleinen NGOs haben sich in den letzten 20 Jahren gebildet, eine neue Größe, die sich einmischt, die sich via Internet vernetzt, um schnell und effektiv gegen die negativen Seiten der Globalisierung protestieren zu können.

Nicht nur die organisierten Formen des Widerstands gegen bestimmte Seiten der Globalisierung zählen zu dieser neuen Bewegung, sondern auch Aktionen der „indigenen" („eingeborenen", „einheimischen") Völker, zum Beispiel Indios, Indianer und viele nationale Minderheiten und Volksgruppen, die sich gegen die Vereinheitlichung der Welt, gegen das Verschwinden ihrer traditionellen Kultur, ihres Glaubens, ihrer Mythen, ihrer Formen des Zusammenlebens und ihrer Riten wehren. Auch hier gilt: keine unbedingte Unterordnung unter die Gewinnmaximierung der Großkonzerne und Finanzinvestoren.
Auf den Weltsozialforen appellieren die Teilnehmer an die „Multis", bei ihren Zweigbetrieben in den Billiglohnländern das Ar-

Beim Weltsozialforum in Nairobi 2007 trafen sich über 800 000 Menschen aus aller Welt.

beitsrecht und die notwendigen Standards im Umweltschutz einzuhalten. Keine Ausbeutung, keine Kinderarbeit, keine Diskriminierung und Belästigung von Frauen am Arbeitsplatz, grundlegende soziale Absicherung, Gesundheitsschutz – kurz, Beachtung all dessen, was zu einer „Globalisierung mit menschlichem Gesicht“ beitragen könnte.

„Man kommt nicht mehr mit“

Was die Menschen in dieser Protestwelle gegen die Globalisierung zuallererst verbindet, ist ein Missbehagen an der allgemeinen Entwicklung. Viele Menschen fürchten sich vor dem Abbau von Arbeitsplätzen, vor der Macht der großen Konzerne, die praktisch schon mit autoritären* Systemen gleichgesetzt werden, die den Menschen auf der ganzen Welt die Spielregeln diktieren. Wir erleben mit der rasant voranschreitenden Globalisierung ein Phänomen, das es so noch niemals in der Geschichte der Menschheit gegeben hat.

„Man kommt nicht mehr mit“, hat es vor den zahlreichen Fernsehkameras ein Anwohner in Heiligendamm formuliert, wo auch viele eher als konservativ geltende Bürger an den Kundgebungen teilnahmen. Er lobte die Aktionen der Globalisierungsgegner. Die meisten seien ja nicht grundsätzlich und in jedem Fall gegen die Entwicklung, aber sie wollten darauf aufmerksam machen, was an der Globalisierung eigentlich schieflaufe.

Die gewaltigen Veränderungen der letzten Jahre, das schnelle Tempo der Entwicklung lösen auch bei denen sehr zwiespältige Gefühle aus, die nach dem Zusammenbruch des kommunistischen Systems und der Auflösung der Blöcke, die sich jahrzehntelang feindlich gegenüberstanden, an einen großen Aufschwung glaubten. Damals sahen viele, besonders die Politiker, das Goldene Zeitalter anbrechen mit einem unbegrenzten Wachstum der Wirtschaft, das den meisten Menschen Arbeit und Wohlstand bringen würde.

Viele Menschen in Deutschland, einem der Globalisierungsgewinner, haben ihre Meinung geändert. Aus ihrem „Ja" zur Globalisierung ist zwar kein „Nein" geworden, aber doch wachsende Zweifel und die Forderung, der Staat möge sie stärker beschützen und auch die Menschen in anderen, ärmeren Ländern nicht vergessen.

Befürwortern wie Gegnern ist größtenteils klar, dass sich das Rad der Globalisierungsgeschichte nicht mehr zurückdrehen lässt. Die Globalisierung existiert und sie wird nicht verschwinden. Es kann nur darum gehen, den unwiderruflichen Prozess so zu gestalten, dass möglichst viele Menschen davon etwas haben. Um darauf aufmerksam zu machen, bedarf es kritischer Menschen, die die negativen Seiten aufzeigen und auch einmal mit drastischen Mitteln protestieren gegen die neuen globalen Herrscher.

Kulturelle Vermischung

Werden wir alle gleich?

- In Moskau bricht der Verkehr zusammen, weil 50 000 Menschen zur Eröffnung der neuen Ikea-Filiale kommen;
- pro Sekunde werden in der Welt drei Barbiepuppen verkauft;
- fast in jeder Ecke der Welt kennt man die Geschichte von Harry Potters Kampf gegen Lord Voldemort;
- die Werke des vielleicht deutschesten aller Komponisten, Richard Wagners, werden in den japanischen Opernhäusern aufgeführt; in Tokio trifft man sich nach der Aufführung im „Café Mozart";
- Ronald aus Düsseldorf, für ein Jahr als Austauschschüler an einer Highschool in Cincinnati, gewinnt mit der Schulband als Drummer den Preis der „Queen City of the West";
- Jugendliche aus sieben europäischen Ländern arbeiten in einem internationalen Workcamp nahe dem südfranzösischen Béziers zusammen mit Restauratoren an der Freilegung einer Templer-Burg;
- Shari aus Neu-Delhi, die in Köln Betriebswirtschaft studiert, freut sich darauf, dass ihr Bruder mit ihrer Hilfe einen Jobvertrag für ein Jahr an einer Softwarefirma bekommen hat;

- Studenten aus aller Welt hören im Vorlesungssaal der Universität von Taipeh eine Physikvorlesung auf Englisch.

„Der Trend ist klar: Englisch wird zunehmend Weltsprache. Dafür sorgen auch Musik- und Softwareprogramme. Dem muss man begegnen, sonst geht zu viel kulturelles Wissen verloren“ (Prof. Wolfgang Kaschuba, Berliner Humboldt-Universität, in einem Interview mit der Heinrich Böll Stiftung 2003).

Werden wir durch den Prozess der Globalisierung alle gleich? Gibt es irgendwann keine Europäer, Amerikaner, Asiaten mehr mit ihren ganz eigenen Besonderheiten und Interessen? Sprechen wir am Ende alle die gleiche Sprache, werden wir „kulturelle Klone“?

Cheeseburger und Sushi

Herr Dorfler sitzt mit einem Geschäftsfreund an einer Hotelbar in Sydney. „Es ist furchtbar“, klagt der weit gereiste Verkaufsleiter einer Essener Metallbaufirma, „auch hier findest du McDonald’s-Filialen und Starbucks-Coffeeshops. In jeder Ecke der Welt, egal ob in reichen oder armen Ländern, triffst du auf Cheeseburger- und Hotdog-Buden. Scheußlich! Alles ähnelt sich. In Frankreich, Spanien, Portugal oder New York, überall gab es früher interessante und anregende Dinge in den Geschäften, die man woanders nicht kriegte. Und heute? Die Fußgängerzonen sehen mit ihren Läden und Supermärkten überall gleich aus. Fritten und Bratwurst, Hamburger, Döner und Pizza, Ramsch und Billigläden, nebenan Boss, Benetton, Gucci, Prada, Luis Vuitton und wie die Läden für die Reichen alle heißen. Die Einkaufsboulevards voll mit den Filialen der globalen Handelsketten findest du inzwischen in Paris, Köln, Breslau und New York genauso wie in München, Tokio, London und vielen anderen Städten. Und zu dem ganzen Einheitsbrei kommt als Untermalung das Gedudel aus den Lautsprechern der Bahnhöfe, Flughäfen und Einkaufscenter, in denen die jungen Menschen mit ihrer Einheitskluft aus Jeans, Turnschuhen, T-Shirts und Basecaps vor den Playstations rumhängen und sich die Zeit mit Ballerspielen vertreiben.“

Die Globalisierung in der deutschen Küche begann schon früh

„Mitte der Fünfzigerjahre des vorigen Jahrhunderts erfand der erste deutsche Fernsehkoch, Clemens Wilmenrod, den „Toast Hawaii"... Damit darf der Herr in Weiß ... als **Vater der Globalisierung der deutschen Küche** betrachtet werden.
Was in den Fünfzigern mit „Toast Hawaii" und „Nudeln auf neapolitanische Art" ... begann, setzte sich in den Sechzigerjahren mit „Spaghetti Bolognese", selbst gebackener Pizza und Besuchen beim „Balkangrill" fort ... Dies ist der schlechte Beigeschmack der Globalisierung in der Küche: ... Einheitsgerichte aus Dose und Tiefkühlfach, makellose, aber leider völlig geschmacklose Tomaten, genmanipulierte Sojabohnen. Ein Kilo Bananen kostet weniger als ein Kilo Äpfel, Erdbeeren sind das ganze Jahr über im Handel, alles ist ständig verfügbar, nichts hat mehr Saison – nicht einmal Spargel ... Anderseits können wir jeden Tag auf Weltreise gehen: zum Perser, Inder oder Mexikaner an der Ecke ..."

Diemut Roether in „Auf Weltreise in Deutschland – beim Italiener, Griechen oder Türken an der Ecke", in „Das Parlament" vom 19. Januar 2001

Unterschiede zwischen den Menschen werden nicht aufgehoben

Übertreibt Herr Dorfler mit seiner Klage? Sieht er die Entwicklung zu „einäugig“? Oder ist die „Gleichmacherei“, die „globale Einheitskultur“ tatsächlich schon so weit fortgeschritten und die kulturellen Unterschiede verschwunden? Was hat Herr Dorfler dagegen, dass in einem Land, kaum verlässt es das Stadium eines Entwicklungslandes und kommt zu einem kleinen Wohlstand, schon Fast-Food- oder Handelsketten-Filialen zu sehen sind oder die Leute, egal ob in Manila, Kairo oder Neu-Delhi in den Internet-Cafés sitzen? Und ist es nicht andererseits gut und eine Bereicherung für uns, wenn wir durch ausländische Restaurants in Deutschland und andere Dinge mit fremden Kulturen in Kontakt kommen?

McDonald’s in Marokko

Vielleicht betrachtet Herr Dorfler die Dinge von einer gewissen elitären oder touristischen Warte des Westlers aus. Er wünscht sich eine Art „Ursprünglichkeit“ in den Ländern, die er besucht. Dass die Einheimischen mitunter auf diese Ursprünglichkeit keinen sonderlichen Wert legen, weil sie für sie vor allem Armut bedeutet, ist ein anderes Thema. Vielleicht sind es auch nur Befürchtungen für die Zukunft, die er äußert: die Welt, ein einziger Einheitsbrei. Es lohnt sich dann nicht mehr, einen Fuß vor die Türe zu setzen, um Neues kennenzulernen – die Welt ist ohnehin überall gleich.

Zum Teil trifft das sicher zu. Jeder Reisende erlebt es und könnte der Klage des Herrn Dorfler noch vieles hinzufügen. Vermischung von Menschen und Kulturen fand allerdings immer statt. Globalisierung macht es eben möglich, Teile fremder Kulturen einzubauen. Arabische Musik und Architektur verbreiteten sich zu Beginn des Mittelalters in den südeuropäischen Städten. Die spanischen Seefahrer brachten den Damen bei Hofe Schmuck und Kleidung mit.

In Berlin hören wir heute Pop-Variationen indischer oder lateinamerikanischer Musik, die in New York produziert wurde und die zugleich in der Disco in Hongkong gespielt wird. Musik global – zweifellos eine Bereicherung unseres Lebens. Das gilt natürlich auch für andere Bereiche der Kunst. Natürlich wird niemand Kolumbianer, weil er die Romane von Gabriel Garcia Márquez verschlingt. Und wenn ich zu McDonald's gehe und Hollywoodfilme liebe, werde ich noch lange nicht Amerikaner; wenn ich als Christ Klezmer-Musik liebe, trete ich ja nicht gleich

zum jüdischen Glauben über. Wenn ich mir die Nacht um die Ohren schlage, um das Superbowl-Finale in Denver im Fernsehen anzuschauen, gehe ich ja trotzdem am Wochenende zu Schalke.

Man kann sich alle möglichen weiteren Beispiele ausdenken, welche Einflüsse anderer Kulturen für uns persönlich wichtig sind und inwieweit sie inzwischen das Leben mitbestimmen. Tatsache ist aber, dass jeder seine eigene Tradition hat, die durch Herkunft, Religion, Geschichte, Gesetze, soziale Verhältnisse usw. bestimmt wird. Das kann nicht in wenigen Jahren verändert werden dadurch, dass wir Hamburger essen, Literatur, Filme und Musik aus fremden Kulturen konsumieren. Das hebt so schnell noch keine Unterschiede zwischen den Menschen auf, auch wenn diese Tendenz zu erkennen ist. Wichtig ist vor allem, dass die Menschen diese Tendenz erkennen und nicht zulassen, dass sie von ihr überrollt werden. Solange jeder sich seiner kulturellen Herkunft bewusst bleibt, werden die spannenden und bereichernden kulturellen Unterschiede hoffentlich beim globalen Zusammenwachsen und bei aller Völkerverständigung bestehen bleiben.

Natürlich ist es schade, wenn in jeder Fußgängerzone dieselben Kleiderläden zu finden sind, kleinere, individuelle Unter-

nehmen verschwinden. Allerdings wird niemand, jedenfalls nicht in unserem demokratischen Staat, zu irgendwas gezwungen. Wir beschließen, wie viel Vereinheitlichung wir in der globalisierten Welt haben wollen. Wenn wir den Einheitsbrei nicht wollen, liegt es an uns, uns dagegen zu wehren. Eine geklonte Welt wird es nur geben, wenn wir es zulassen. Beim Konsum entscheiden wir immer noch selbst und überspitzt könnte man sagen: Der Fortschritt im Prozess der Globalisierung entscheidet sich auch mit am Kühlregal, in der Boutique, in der Buchhandlung, im Musikshop, in der Fast-Food-Filiale.

Entscheidend ist allerdings, und da landen wir beim Geld, ob und was man sich überhaupt leisten kann. Denn die Wahl, die wir in den westlichen Ländern haben, stellt sich vielen Menschen erst gar nicht.

Nike für alle?

Auf den Sportschuhen, T-Shirts, Jogginganzügen und Dutzenden anderer Kleidungsstücke steht: Nike. So hieß eine Siegesgöttin aus der griechischen Sagenwelt und jetzt ist es der Name eines großen und international tätigen Sportartikelan-

Designer-Sportschuhe im Angebot

bieters aus Beaverton im amerikanischen Bundesstaat Oregon. In vielen Fußball- und sonstigen Sportstadien der Welt ist das Logo der Firma besser bekannt als die Landesfarben. Bei den Jugendlichen sind die Sportschuhe und T-Shirts mit dem geschwungenen Nike-Haken äußerst begehrt. Es ist cool und bringt vielleicht Ansehen und Anerkennung, damit gesehen zu werden. Aber nur Jugendliche der wohlhabenden Schichten können sich solche Schuhe kaufen, die auch schon mal 150 Euro und mehr kosten können. Andere, die auch gerne Sachen von Nike (wahlweise auch Adidas, Puma oder sonst eine weltbeherrschende Marke) haben möchten, können sich im besten Falle irgendwelche Billigkopien leisten.

Generation global?

Die entscheidende Rolle spielt immer noch die soziale Ungleichheit in der Welt. Die einen können sich etwas leisten – die in den reichen Industrieländern. Die Jugend in den ärmeren Ländern kann es nicht, obwohl auch sie natürlich über Fernsehen und Internet informiert ist, was so läuft in der Welt der Reichen, und natürlich auch, weil die Touristen in ihren schicken Outfits ins Land kommen und die Hotels und Strände bevölkern. Man kann sich leicht ausmalen, was in den afrikanischen oder asiatischen Einheimischen beim Anblick der Touristenströme vorgeht. Tage und Wochen verbringen diese vor den Augen der Armen mit süßem Nichtstun, kutschieren in Leihwagen herum, gehen auf Tauchkurse und Angelausflüge,

Das Traumleben der Europäer – wer soll da nicht neidisch werden?

kaufen jede Menge Souvenirs ein. Was haben die für ein tolles Leben! Verständlich, dass der ärmere Teil der „Generation global“ sich wünscht, selbst zur anderen Seite zu gehören, sich all das leisten zu können, was die internationalen Medien ständig präsentieren und so suggerieren: Das könnt ihr auch alles haben! Weite Entfernungen müssen in der globalen Welt nicht mehr Unkenntnis bedeuten.
Das heißt, dass die Ungleichheit zwischen den Besitzenden und den Besitzlosen nicht mehr einfach hingenommen wird. Man macht sich auf den Weg, entweder ganz direkt (in den Migrationsströmen* Richtung Europa!) oder indirekt in den Träumen.

Die nicht westliche „Generation global“, also die Menschen aus den armen Ländern, weiß in unserer vernetzten Welt, dass es vielen auf der Nordhalbkugel besser geht. Früher erfuhren die Menschen das vom Hörensagen, heute schalten sie den Fernseher ein und sehen einen Werbekanal. Wünsche werden geweckt, Sehnsüchte nach einem besseren Leben werden stärker. Und viele Hunderttausend machen sich auf den schwierigen Weg, dieses Ziel irgendwie zu erreichen. „Ich will da rein“ laute der Wahlspruch dieser Generation, die an den Grenzgittern der westlichen Gesellschaften stehe und heftig an ihnen rüttelt, erklären Ulrich Beck und Elisabeth Beck-Gernsheim in dem Buch „Generation global – ein Crashkurs“.

Und was heißt das?

Sicher nicht, dass alle gleich werden wollen. Aber ein Recht auf gleiche Chancen auf ein glückliches und erfülltes Leben ohne Sorgen um Nahrung, Wasser, Arbeit, die grundlegenden Dinge, die zum Leben notwendig sind. Und vielleicht ein wenig Luxus. Geld und Konsum allein machen nicht glücklich – aber andererseits lässt sich nicht von der Hand weisen, dass jene Menschen, die von beidem absolut nichts abbekommen, unglücklich sind.

Zukunft global?

Sätze wie „Fit machen für die Zukunft" oder „Sich den Herausforderungen der Globalisierung stellen" hört man häufig in den Reden der Politiker. Oft ist damit gemeint, die Wirtschaft des Landes fit zu machen, auf Wachstum zu setzen, damit man mithalten kann mit der wachsenden Konkurrenz im Prozess der Globalisierung.

Dagegen ist nichts einzuwenden, ergänzen müsste man allerdings noch, dass auch wir, die Bürger, uns fit machen und Verantwortung mittragen müssen. Das bedeutet erst einmal, sich kundig zu machen über die politischen und wirtschaftlichen Bedingungen hier bei uns und anderswo. Denn in den Zeiten der Globalisierung sollte man die Gestaltung unserer Welt nicht nur den Politikern und schon gar nicht den Wirtschaftsbossen alleine überlassen.

Der Zugang zu vielen Menschen und aktiven Gruppen ist uns heute erleichtert. Viele arbeiten gemeinsam daran, die negativen Seiten der Globalisierung aufzuzeigen und zu bekämpfen.

Wenn dieses Buch einige Anregungen zum Wissenwollen und Mitgestalten gegeben hat, wurde es jedenfalls nicht umsonst geschrieben – und gelesen!

Glossar

Aktie | *Eine Urkunde, die ihrem Besitzer (dem „Aktionär“) bescheinigt, dass er einen bestimmten Geldbetrag einem Unternehmen („Aktiengesellschaft“, kurz AG) zur Verfügung gestellt hat. Damit wird er Miteigentümer und am Gewinn beteiligt, trägt aber auch das Risiko eines Verlustes.*

Attac | *Abkürzung für „Association pour une Taxation des Transactions pour l'Aide aux Citoyens“ („Vereinigung für eine Besteuerung von Finanztransaktionen zum Wohl der Bürger“). Diese Vereinigung wurde 1998 in Frankreich gegründet. Sie agiert weltweit für politische, soziale und ökologische Gerechtigkeit im Prozess der Globalisierung. Seit 2001 ist Attac auch in Deutschland vertreten.*

Autoritäres/totalitäres System | *Eine politische Herrschaft, eine Regierung, die Parteien oder Gruppen daran hindert, im Staat mitzuwirken. Weder Kritik noch Widerspruch wird zugelassen.*

Bruttoinlandsprodukt (BIP) | *Um die wirtschaftliche Leistungsfähigkeit eines Landes zu ermitteln, fasst man den Wert aller hergestellten Waren (Sachgüter wie Autos, Lokomotiven, Waschmaschinen usw.) und erbrachten* **Dienstleistungen** *in einem bestimmten Zeitraum zusammen. Mithilfe der sich ergebenden Zahl können Volkswirtschaften miteinander verglichen werden.*

Deregulierung | *Abbau von Regeln des Staates, von Vorschriften,*

	Gesetzen und Verordnungen, um für das Wirtschaftsgeschehen mehr Spielräume zu schaffen.
Dienstleistung	*Wirtschaftliche Tätigkeit, die nicht dem Produzieren von Sachgütern, sondern unseren Bedürfnissen dient. Solche Dienstleister sind zum Beispiel Ärzte oder Krankenschwestern, Polizisten, Bankbeamte, Verkäuferinnen oder Friseure. In den letzten Jahren sind immer mehr Menschen im Dienstleistungsbereich beschäftigt, daher spricht man auch von einer „Dienstleistungsgesellschaft“.*
Entwicklungsländer (Dritte Welt)	*Damit sind alle wenig oder unterentwickelten Länder in Afrika, Asien, Süd- und Mittelamerika sowie in der Karibik und Ozeanien gemeint. Ihr wirtschaftlicher Stand ist im Vergleich zu den Industrieländern niedriger, das Pro-Kopf-Einkommen ist gering. In ihnen leben fast zwei Drittel aller Menschen. Zur Zeit des „Kalten Krieges“ wurden die Entwicklungsländer „Dritte Welt“ genannt, eine Bezeichnung, die heute kaum noch gebraucht wird.*
FAO	*Abkürzung für die Welternährungsorganisation „Food and Agriculture Organization“. Diese UNO-Sonderorganisation wurde 1945 gegründet. Ihre wichtigste Aufgabe ist die weltweite Verbesserung der Nahrungsmittelversorgung und somit die Bekämpfung der Hungersnöte in der Welt.*
„Festung Europa“	*Umgangssprachlicher Begriff für die Abgrenzung/Abschottung der Europäischen Union gegenüber den Flüchtlingsströmen, die versuchen, aus vielen Teilen der Welt in eines der EU-Länder zu gelangen.*

G8 / Weltwirtschaftsgipfel | *Die großen acht Wirtschaftsnationen der Erde – Deutschland, Frankreich, Großbritannien, Italien, Japan, Kanada, Russland, USA („Great Eight") – treffen sich seit 1976 regelmäßig zu einem Weltwirtschaftsgipfel. Neben Fragen der Wirtschaftspolitik geht es bei diesen Treffen auch um wichtige internationale Fragen wie zum Beispiel Terrorismus, Umweltschutz, Entwicklungspolitik oder Kampf gegen die Arbeitslosigkeit.*

ILO | *Abkürzung für „International Labour Organization", Internationale Arbeitsorganisation. Diese UN-Sonderorganisation soll für die Durchsetzung internationaler Standards im Arbeits- und Sozialbereich sorgen und damit für eine faire und menschenwürdige Gestaltung der Globalisierung.*

Innovation | *In diesem Begriff steckt das lateinische Wort „nova", das „neu" bedeutet. Eine Innovation ist eine neue Erfindung. Nicht umsonst ist der Begriff im Zeitalter der Globalisierung, bei der es auch um viel Geld und große Investitionen in neue Firmen und Produkte geht, sehr oft zu hören.*

Internationaler Währungsfonds (IWF) | *1944 zusammen mit der* **Weltbank** *gegründete Sonderorganisation der UNO. Sie soll die Zusammenarbeit der UNO-Staaten in der Währungspolitik fördern und vergibt Kredite an Länder, die in Zahlungsschwierigkeiten geraten sind.*

Investmentfonds | *Geldmittel, die von der Investmentgesellschaft eingesetzt („investiert") werden, um Anteile zum Beispiel an Firmen, Wohnblöcken, Einkaufszentren und Ähnlichem zu erwerben. Diese Mittel sind der Gesellschaft zur Verwaltung von Menschen anvertraut worden, die hoffen, dass ihr Geld auf diese Weise mehr einbringt als zum Beispiel auf einem Sparkonto.*

Kapitalismus
Wirtschafts- und Gesellschaftsordnung. Die Besitzer, die „Kapitalisten“, können mit ihrem Kapital (Geld-, aber auch Sachwerte) arbeiten und Produkte herstellen, mit deren Verkauf sie ihren Reichtum vermehren. In modernen kapitalistischen Industriestaaten schützt der Staat das Privateigentum, aber Gesetze, wie etwa in Deutschland, steuern das Wirtschaftsgeschehen, damit die Menschen nicht ausgebeutet werden.

Kinderrechtskonvention
Eigentlich „Übereinkommen der Vereinten Nationen über die Rechte des Kindes“. Das Abkommen wurde von 191 Staaten am 20. November 1989 unterzeichnet. In über 50 Artikeln ist unter anderem der Schutz der Kinder vor Ausbeutung und Gewalt festgelegt. Dass es in der ganzen Welt Verstöße gegen diese Konvention gibt, ist leider eine Tatsache.

Kolonialismus
Europäische Mächte haben in den vergangenen zwei Jahrhunderten viele Länder in anderen Erdteilen durch Eroberungspolitik unterworfen. Ziel war es, sich diese Gebiete wirtschaftlich nutzbar zu machen und militärische Stützpunkte zu errichten, um die eigene Macht zu stärken. Die Seefahrernationen Großbritannien, Spanien, Portugal, Frankreich und die Niederlande hatten in mehreren Kontinenten zahlreiche Kolonien, Deutschland für kurze Zeit in Afrika und Asien. Die Menschen in den Kolonien wurden ausgebeutet und hatten oft keine Rechte.

Kommunismus | *Politische Lehre, die es bereits in ihren Anfängen in der Antike gab. Nach dieser Theorie gehört allen Menschen alles gemeinsam (lateinisch* „communis“*). Als im 19. Jahrhundert das Zeitalter der Industrialisierung anbrach und die breite Masse der Arbeiter immer mehr verarmte, entwickelte Karl Marx (1818–1883) eine kommunistische Gesellschaftstheorie, die später von Lenin (1870–1924) weiterentwickelt wurde. Auf dieser Grundlage entstanden die Sowjetunion und weitere kommunistische Staaten, von denen jedoch viele auf Dauer nicht überlebensfähig waren. Heute bezeichnen sich nur noch wenige Staaten als kommunistisch.*

Migration | *Von lateinisch* „migrare“ *= „wandern“, „sich bewegen“. Viele Menschen müssen heutzutage aus politischen, religiösen oder wirtschaftlichen Gründen ihre Heimat verlassen. Sie werden zu Migranten. Eine solche Wanderungsbewegung kann innerhalb eines Staates stattfinden. Wenn sie von außen kommen, aus einem anderen Land einwandern, spricht man von „Immigration“, wenn sie das Land verlassen, also auswandern, von „Emigration“.*

Nichtregierungsorganisation (NRO/NGO) | *Organisationen oder Zusammenschlüsse von Menschen, die ein gemeinsames Ziel erreichen wollen und dabei unabhängig von staatlichem Einfluss handeln wollen. Es gibt zahlreiche NROs (oder NGOs, von „Non Governmental Organization“) von Kritikern der Globalisierung. Aber auch zum Beispiel kirchliche Organisationen, Sport- oder Umweltschutzvereine sind Nichtregierungsorganisationen.*

OECD – *„Organization for Economic Cooperation and Development" („Organisation für wirtschaftliche Zusammenarbeit und Entwicklung"). Sie wurde 1961 gegründet und hat ihren Sitz in Paris. Hauptziel dieser Organisation der Industriestaaten ist die Vertiefung der wirtschaftlichen Zusammenarbeit, die Förderung des Welthandels sowie die Unterstützung der Entwicklungsländer.*

Protektionismus – *Von lat.* „protegere" = *„schützen". In der Wirtschafts- und Handelssprache sind damit unter anderem besondere Maßnahmen wie zum Beispiel Zölle oder Einfuhrbeschränkungen für Waren gemeint, die von außen kommen. Dadurch verteuern sich die Produkte der ausländischen Konkurrenz gegenüber denen der einheimischen Wirtschaft.*

Ressourcen – *Das aus dem Französischen stammende Wort bedeutet so viel wie „Hilfsmittel", „Reserven". Dazu gehören die natürlichen Rohstoffe wie Erdöl, Erdgas, Eisenerze und alle anderen mineralischen Rohstoffe. Auch organische Rohstoffe wie Holz gehören dazu oder die grundlegenden Bereiche wie Luft, Boden und Wasser. In der modernen Industriegesellschaft werden auch die Arbeit, das Kapitel, Wissen und Information als Ressourcen bezeichnet.*

Schwellenland – *Bezeichnung für Länder, die nicht mehr zu den armen Entwicklungsländern zählen, die aber noch nicht zu den reichen Industrienationen gezählt werden. Zu ihnen gehören zum Beispiel Brasilien, Mexiko, Thailand oder Südkorea.*

Subventionen | *Vom lateinischen „subvenire", was übersetzt „zu Hilfe kommen", „beistehen" heißt. Bei einer Subvention handelt es sich entweder um eine finanzielle Leistung oder eine Steuervergünstigung durch den Staat für eine bestimmte Region, um ihr bei der Entwicklung zu helfen, oder für einen Wirtschaftszweig, der sich mit dieser Hilfe ansiedeln und wachsen kann. Die Hauptempfänger von Subventionen (entweder vom Staat, von den Bundesländern, aber auch aus Töpfen der Europäischen Union) in Deutschland sind die Landwirtschaft, der Kohlebergbau, die Werftindustrie und der Wohnungsbau. Auch Kultureinrichtungen wie Oper oder Theater werden oft staatlich unterstützt.*

UNEP | *Das „United Nations Environment Programme" ist eine UN-Organisation und versteht sich als „Stimme der Umwelt". 1972 gegründet und mit Sitz in Nairobi, wirkt sie als Lehrer und Vermittler für den schonenden Umgang mit der Umwelt und arbeitet mit vielen anderen Organisationen in diesem Bereich zusammen.*

UNO | *Die Vereinten Nationen („United Nations Organizations") wurden 1945 in New York gegründet. Ihr gehören fast alle Länder der Welt an. Ziel der UNO ist es, bei Streitigkeiten zu vermitteln und Kriege zu verhindern. Die UNO hat zahlreiche Unterorganisationen wie zum Beispiel die UNICEF (Kinderhilfswerk) oder die UNESCO (Erziehung, Wissenschaft und Kultur).*

Weltbank | *UNO-Organisation, die 1944 gegründet wurde. Ihr amtlicher Name „Internationale Bank für Wiederaufbau und Entwicklung" zeigt ihr* *ursprüngliches Ziel: den Wiederaufbau von zerstörten Städten, Brücken und Straßen nach dem Zweiten Weltkrieg zu unterstützen. Neben der Armutsbekämpfung in aller Welt fördert die Organisation heute vor allem die wirtschaftliche Entwicklung vieler Länder, indem sie zum Beispiel Kredite für den Bau von Straßen, Eisenbahnen oder Kraftwerken vergibt. Die Praxis der Vergabe von Geldern wurde öfter kritisiert, sodass jetzt besonders darauf geachtet wird, dass Kredite nicht in den dunklen Kanälen korrupter Regierungen verschwinden und bei den zu fördernden Projekten Standards des Umweltschutzes eingehalten werden.*

Welthandelsorganisation (WTO „World Trade Organisation")

Ziel der 1994 gegründeten Sonderorganisation der UNO ist es, die weltweite wirtschaftliche Zusammenarbeit zu erleichtern. Vor allem sollen umfassende Rahmenbedingungen für den globalisierten Handel geschaffen werden. Dazu gehört, dass sich die rund 150 Mitgliedsstaaten der WTO zum Abbau der Zölle und anderer Hemmnisse verpflichten. Die Handelsbeziehungen sollen möglichst liberal und einfach gestaltet werden, ohne dass Länder dabei benachteiligt werden. Die WTO trat die Nachfolge des bis 1996 bestehenden GATT („General Agreement on Tariffs and Trades") an, ein allgemeines Zoll- und Handelsabkommen.

Bibliografie

Beck, Ulrich (Hrsg.): „Generation Global – Ein Crashkurs" (Suhrkamp Taschenbuchverlag 2007) – Informationen aus dem Beitrag von David Held „Globale Ungleichheiten" verwendet im Abschnitt „Reich und Arm" ab Seite 91 sowie aus dem Beitrag „Generation Global" von Ulrich Beck und Elisabeth Beck-Gernsheim im Abschnitt „Generation global" ab Seite 137

Boris, Jean-Pierre: „(UN)FAIR TRADE" – Das profitable Geschäft mit dem schlechten Gewissen" (Goldmann 2005) – Informationen verarbeitet im Afrika-Kapitel, Abschnitt „Kaffee und Kakao" ab Seite 85

Bové, José: „Die Welt ist keine Ware. Bauern gegen Agromultis" (Rotpunktverlag Zürich 2001).

Griesemer, John: „Rausch" (marebuchverlag 2003) – im Abschnitt „Das Spinnennetz wird dichter gewebt" ab Seite 15 wird auf die Verlegung des ersten Transatlantikkabels eingegangen, von dem der Roman handelt.

Marì, Francisco, Buntzel, Rudolf: „Das globale Huhn. Hühnerbrust und Chicken Wings – wer isst den Rest?" (Brandes und Apsel 2007)

Meadows, Donella, Meadows, Dennis L., Randers, Jorgen: „Grenzen des Wachstums – Das 30-Jahre-Update" (Hirzel Verlag 2006)

Safranski, Rüdiger: „Wieviel Globalisierung verträgt der Mensch?" (Fischer Taschenbuchverlag 2006)

Schätzing, Frank: „Nachrichten aus einem unbekannten Universum" (Kiepenheuer & Witsch 2006)

Stiglitz, Joseph: „Die Schatten der Globalisierung" (Goldmann 2004)

Ziegler, Jean: „Die neuen Herrscher der Welt und ihre globalen Widersacher" (Goldmann 2005)

ARENA BIBLIOTHEK DES WISSENS

LEBENDIGE BIOGRAPHIEN

ISBN 978-3-401-06180-1

Andreas Venzke
Gutenberg und das Geheimnis der Schwarzen Kunst

ISBN 978-3-401-06214-3

Luca Novelli
Marie Curie und das Rätsel der Atome

ISBN 978-3-401-05940-2

Luca Novelli
Leonardo da Vinci, der Zeichner der Zukunft

Eine Auswahl weiterer lieferbarer Titel der Reihe Lebendige Biographien:

Luca Novelli
Edison und die Erfindung des Lichts
ISBN 978-3-401-05587-9

Luca Novelli
Darwin und die wahre Geschichte der Dinosaurier
ISBN 978-3-401-05742-2

Luca Novelli
Einstein und die Zeitmaschinen
ISBN 978-3-401-05743-9

Andreas Venzke
Luther und die Macht des Wortes
ISBN 978-3-401-06041-5

Luca Novelli
Archimedes und der Hebel der Welt
ISBN 978-3-401-05744-6

Andreas Venzke
Goethe und des Pudels Kern
ISBN 978-3-401-05994-5

Arena

Jeder Band:
Ab 11 Jahren.
Klappenbroschur.
www.arena-verlag.de

ARENA BIBLIOTHEK DES WISSENS

AKTUELL

ISBN 978-3-401-06172-6

Gerd Schneider
Politik

ISBN 978-3-401-06220-4

Souad Mekhennet / Michael Hanfeld
Islam

ISBN 978-3-401-06219-8

Ruth Omphalius / Monika Azakli
Klimawandel

Bescheid wissen in der Welt von heute – mit der ARENA BIBLIOTHEK DES WISSENS AKTUELL. Hochkompetente Autoren führen kompakt und anschaulich in bedeutende Themen des Zeitgeschehens ein – unverzichtbares Grundlagenwissen für Schüler ebenso wie für Erwachsene.

Arena

Jeder Band:
Ab 11 Jahren.
Klappenbroschur.
www.arena-verlag.de